W0404244

Le collège de la cité

Pascal Picq
Michel Serres
Jean-Didier Vincent

Qu'est-ce que l'humain ?

Éditions
Le Pommier

cité des sciences & de l'industrie

édition : Sophie Senart
conception graphique :
Daniel Leprince
relecture : Valérie Gautheron

Le Pommier, 2003
Tous droits réservés
2.74650130-9

Présentation

Les trois textes qu'on va lire dans ce volume reprennent le propos des trois « discours » prononcés le 15 septembre 2002 lors du banquet d'ouverture du Collège de la Cité des sciences et de l'industrie. Deux savants assez philosophes et un philosophe assez savant étaient invités, pendant que les convives banquetaient silencieusement, à répondre à la même question : « Qu'est-ce que l'humain ? ». La question de savoir ce qui spécifie l'humain était d'abord posée à deux scientifiques, mais précisément à deux scientifiques qui ne viennent pas strictement des sciences humaines, de ce territoire dont l'objet est proprement la culture des hommes, le social, la langue, la psyché... Pascal Picq est paléoanthropologue, Jean-Didier Vincent est neurobiologiste. S'agissant de la question de ce qu'est l'humain, leurs deux disciplines occupent, l'une comme l'autre, une place stratégique, à la lisière incertaine de la nature et de la culture : une lisière qu'elles explorent et que justement, à force d'exploration, elles rendent incertaine, là où l'humain se trouve réinscrit, voire immergé, dans la continuité topologique de la biosphère et dans la continuité temporelle de l'évolution. La première de ces disciplines travaille à la charnière de la théorie de l'évolution et de la préhistoire, à ce point où le monde humain émerge dans l'histoire du vivant. La seconde va et vient entre biologie du système nerveux et sciences cognitives, entre activités neuronales et formation des représentations, sur le seuil de l'esprit. Dans ces plans, il y a, bien sûr, des bifurcations et des émergences, mais elles sont plus difficiles à connaître et à comprendre, plus fines et plus multiples que ne le laisse croire la classique et massive différence entre nature et culture.

Quant à cette différence, nous sommes aujourd'hui, dans une étrange situation : d'un côté, nous avons le sentiment que le développement de la culture humaine, de sa puissance technique à dominer la nature, met celle-ci à rude épreuve, agit de plus en plus sur elle comme une menace; nous sommes devenus capables, à l'échelle de la planète, de modifier les grands cycles qui règlent les climats, c'est-à-dire les conditions globales considérées jusqu'ici comme les contraintes naturelles par excellence; nous sommes devenus capables, à l'échelle de l'intime, d'artificialiser la naissance, de faire passer dans la sphère technique ce qui, comme le suggère l'étymologie, restait la part de la nature dans l'existence humaine; à chaque fois, nous sommes confrontés à des choix, des décisions, des responsabilités inédites. Tout se passe comme si le curseur qui sépare ce qui dépend de nous et ce qui nous échappe venait de se déplacer brutalement, au point de mettre les hommes en position d'extériorité, de surplomb, de domination par rapport à la nature, plutôt menacés d'ailleurs par ce qu'ils produisent eux-mêmes que par ce que leur imposent les nécessités naturelles. Tout se passe comme si, dans la pratique de nos relations au monde inerte et au reste du vivant, notre spécificité se marquait davantage à mesure que croissent notre puissance et notre maîtrise, et venait en quelque sorte confirmer la position traditionnellement transcendante de notre espèce.

Mais à l'inverse, une bonne part de l'histoire des sciences, depuis un siècle et demi, conduit à nous inscrire plus profondément, comme immergés, à l'intérieur de la sphère naturelle. La théorie de l'évolution a mis à mal l'héritage dualiste et l'ensemble des catégories qui posaient une barrière quasiment étanche entre l'animal et l'humain. La synthèse néodarwinienne a unifié, à l'échelle des composantes de base, le champ du vivant, et nous savons que la biosphère est un buissonnement d'organismes qui ont tous des ancêtres communs, les uns proches, les autres lointains, la plupart disparus, et qu'avec nos cousins les plus récents, nous partageons l'immense majorité de notre matériel génétique. Du coup, nous identifions, par petites touches, les « petites » bifurcations qui ont dû se produire, comme la bipédie ou le grossissement du cerveau, et celles qui pourraient rendre compte de l'émergence, elle aussi contingente, des facultés d'apprendre, de transmettre, de représenter ; autant de bifurcations distribuées sur plusieurs millions d'années, la question de l'« esprit » venant se loger dans cette succession longue où « nature » et « culture » se fondent, se recouvrent et s'emmêlent.

Ce que nous savons aujourd'hui, c'est que l'humain n'est pas un donné : il n'advient qu'en se formant, et peut-être, en ne finissant jamais de se former. Cela vaut, d'une part, à l'échelle de l'espèce dans l'évolution : nous devons cesser de penser que celle-ci, comme on l'entend souvent, « aboutit » à l'humain, qu'elle s'ordonne selon une progression qui met l'humain au dernier de ses « stades ». Sans doute sommes-nous seulement une espèce un peu marginale qui, avant de domestiquer, voici dix mille ans, quelques espèces végétales et quelques espèces animales, a dû, par nécessité, s'engager dans l'élevage d'elle-même, donc participer, bon gré mal gré, à sa propre formation. Cela vaut, aussi, à l'échelle de l'individu, qui, comme on sait, n'est guère formé à la naissance, ne survit qu'à la condition d'être longuement protégé, puis, longuement encore, formé, et qui, au fond, n'en a jamais fini de se former jusqu'au jour de sa mort ; paradoxalement, il ne cherche à construire son autonomie d'individu humain qu'en développant ses relations avec les autres, en apprenant d'eux, en échangeant, en partageant : en s'appropriant l'héritage lointain des langues, des cultures et des savoirs, condition nécessaire à ce que se réalise sa « nature » d'homme, à ce que, si l'on veut, s'accomplisse sa naissance.

Ici, donc, se nouent de nouveaux rapports, plus complexes, plus imbriqués, plus amicaux aussi, plus solidaires, entre nature et culture. Ces nouveaux rapports, la philosophie de Michel Serres nous permet désormais de les penser, et de les penser dans la conjoncture qui est la nôtre. Si notre maîtrise s'est formidablement accrue, écrivait-il naguère, il faut maintenant œuvrer à « la maîtrise de la maîtrise ». Et il ajoute, dans sa contribution à notre banquet : « Une culture naît aujourd'hui de découvrir les secrets de toute naissance ; elle renaît de cette nature. »

Roland Schaer
Directeur Sciences et Société
Cité des sciences et de l'industrie

L'homme interprète passionné du monde

Jean-Didier Vincent

Qu'est-ce que l'humain ? L'idée de devoir répondre à une telle interrogation m'accable un peu.

Cette question appelle une première observation : l'homme est un animal. Non pas que l'homme soit un singe, ce serait désobligeant pour le singe, mais l'homme est un animal : un animal qui se prend pour un homme. Il a une haute opinion de lui-même qui le pousse à s'interroger et à enquêter sur ses origines.

Pour le biologiste, l'animalité de l'homme ne fait aucun doute. Pour le philosophe, l'homme n'est plus un animal. Reconnaissons ensemble que c'est un animal particulier et unique en son genre. Dans le vivant, on distingue les êtres autotrophes, les végétaux, capables de créer leur matière propre à partir de la matière élémentaire et de l'énergie fournie par la lumière ou par la chimie, et les êtres hétérotrophes, les champignons et les animaux, qui utilisent de la matière vivante déjà formée.

Je propose un nouveau groupe pour y ranger l'homme : les anthropotrophes. L'homme se nourrit de l'homme. L'homme ne peut être homme que parce qu'il y a l'autre, les autres hommes, voire l'autre de l'autre, le grand Autre, c'est-à-dire Dieu. La grande différence entre l'homme et l'animal est là. La reconnaissance entre les hommes se fait principalement dans le « partage » émotionnel et cognitif. Rousseau parle de pénétration réciproque. Chez les primates, la taille des groupes est liée à leurs capacités d'échanges affectifs. Un groupe de plus de deux cents singes n'est possible que sous certaines contraintes évolutives, au risque, sinon, de se révéler ingérable. La taille d'un groupe de primates est proportionnelle au volume de leur néocortex, et particulièrement de ce cortex préfrontal qui nous donne ce front si intelligent. Cette population est également proportionnelle à l'activité de « grooming » entre les individus. Le grooming consiste en de « petites attentions » : épouillage, léchage, etc. On s'occupe des autres, cela crée du social, crée de la paix. Mais au-delà de cinquante individus, le grooming ne suffit plus. Si la courbe de la proportionnalité devait être respectée, l'homme passerait 80 % de son temps à épouiller l'autre. Ce qu'il ne fait pas, même si l'on tient l'activité sexuelle pour une activité d'épouillage. L'homme n'épouille pas ou il épouille peu. Cependant, il parle ! Grâce au langage – sorte d'outil hyperperfectionné pour manipuler, non pas les objets, mais les autres, un outil à manipuler les autres avec du symbolique –, l'homme se socialise. Le langage est un formidable instrument d'épouillage symbolique et le support de l'organisation sociale. Chez les singes, le chef est celui qui est épouillé par tout le monde, celui qui obéit épouille le chef, et ainsi de suite. Une vaste société d'épouillage. Alors que chez les humains, le chef est d'abord celui qui parle. Grâce à son discours, il commande. Quelquefois il lui arrive de dire des choses dont les conséquences sont qu'il est chassé du pouvoir – d'où le devoir de réserve chez les hommes politiques qui nous gouvernent et, parfois, le devoir de mensonge. L'homme parle pour convaincre les autres. La société humaine est fondée essentiellement sur des liens entretenus par le langage et ses supports cérébraux qui sont des produits de l'évolution : protolangage et structures nerveuses, comme l'aire de Broca ou le *planum temporalis*, déjà présent chez le singe, et qui serviront à parler aux hominidés. Un exemple de préadaptation où la structure anatomique préexiste à la fonction. Celle-ci se développe d'abord sous la forme d'un protolangage (comme il y a des proto-outils) qui répond aux contraintes sociales.

Évidemment, le langage va participer à la culture. On a souvent dit que la culture était le propre de l'homme. La transmission sociale existe aussi chez les singes. Pour le bicentenaire de l'École normale supérieure, j'ai eu l'occasion de faire l'éloge d'une guenon qui s'appelait Imo, probablement chez les singes l'équivalent d'une normalienne surdouée. Par deux fois, dans son groupe de macaques japonais, elle a inventé des techniques ensuite transmises aux autres. La première innovation consistait à plonger dans l'eau du lac des graines inconsommables parce que mélangées à du sable. Dans l'eau, le sable sédimente et les graines qui flottent peuvent être recueillies. La seconde trouvaille consistait à laver les patates douces pour éliminer la terre dont elles étaient couvertes et qui les rendait immangeables. Ce qui prouve qu'il y a, comme chez les hommes, des individus plus doués que d'autres dans les colonies de macaques. La culture n'est donc pas l'élément essentiel qui différencie l'homme du singe.

Un ambitieux travail a permis récemment de souligner que chez les chimpanzés d'Afrique, sept foyers de culture reposant sur trente items (outils, type d'abri, mode de salutation, etc.) avaient été relevés sur des observations qui, mises bout à bout, représentaient cent cinquante années. Sept foyers culturels qui ne doivent rien à la génétique ni à l'environnement. Il s'agit vraiment de cultures portant sur des « habitudes » : façons de régler et d'organiser son habitat, de fabriquer des outils, d'entretenir des relations sociales, de pratiquer ou de ne pas pratiquer tel ou tel rite d'apaisement.

Là encore, le phénomène s'est extraordinairement amplifié chez l'homme. Selon la phrase célèbre de John Donne : « *No man is an island* » (Il n'est pas d'homme qui soit une île). L'homme n'« existe » pas s'il n'est pas avec d'autres. Mais, ce qui est paradoxal, c'est que l'homme est aussi totalement singulier – ce qu'on appelle l'individuation, aussi bien du point de vue de son évolution génétique (génotype) que dans ce qu'il apparaît être (phénotype). L'homme est absolument et totalement un individu : le plus individualiste de tous les animaux, « un individu social extrême ». Aucun homme ne ressemble à un autre homme. Chez les invertébrés, il n'y a pas de différence entre les sujets. Ils sont pratiquement des clones des uns et des autres. Mais l'homme est véritablement – plus que les autres animaux – le produit de sa propre histoire. Donc, cet animal est un individu singulier, un individu singulier qui vit avec les autres.

L'homme est également un « autre pour soi ». Grâce à leur cortex préfrontal, les singes « supérieurs » et l'homme ont la possibilité de vivre l'acte de l'autre. Si l'on apprend à un singe à faire un geste de prise d'objet pour obtenir une récompense, on peut enregistrer des neurones dans son cortex, dont l'activité accompagne ce geste. Jusque-là, il n'y a rien de surprenant, c'est une programmation motrice et une intentionnalité qui se manifestent. Plus étonnant, quand on apprend le même geste à un autre singe ou que l'expérimentateur l'exécute lui-même devant l'animal portant des électrodes dans le cerveau, celui-ci, passé au statut d'observateur passif, refait le geste de façon virtuelle dans ses propres neurones. Autrement dit, ses neurones fonctionnent exactement comme un miroir de l'autre. On pourrait multiplier les données sur ce caractère miroir de notre cortex préfrontal qui porte des jugements sur l'autre, qui partage avec l'autre des gestes, des attitudes, mais aussi probablement des représentations du monde. Car action et représentation, dans notre cortex, ne sont pas séparées. Partage des représentations et partage de ce qui est sous-jacent à la représentation, c'est-à-dire le désir, le plaisir, la souffrance, toutes ces émotions fondamentales qui sont mises en commun avec les autres hommes et constituent cette société basée sur le partage de l'affect. L'homme, avec cette capacité à partager l'affect, à se construire sur l'affect, en échange permanent avec l'affect de l'autre participe ainsi à une sorte de mise en réseau avec autrui qui est le propre de cet individu singulier.

Ce bipède parfait se tient debout face à l'autre. À propos de bipédie, je voudrais revenir sur l'idée que je défends, un peu provocatrice et faussement « macho » à propos de l'existence du couple humain. L'homme est monogame. Je sais que cette assertion va en faire sourire plus d'un. Il est éthologiquement monogame. Mais il n'est pas le seul. Prenons un animal qui intéresse beaucoup les neurobiologistes, notamment les neuro-endocrinologues comme moi, le campagnol. Le campagnol de montagne constitue une espèce « infidèle »; le campagnol des plaines est en revanche une espèce fidèle et cela ne doit rien à l'air de la plaine. On sait que cela est dû à une neurohormone, l'ocytocine, fabriquée dans l'hypothalamus et dont le cerveau du campagnol de montagne ne possède pas les récepteurs. Cette substance protéique est libérée dans les régions basales du cerveau en certaines circonstances (parturition, allaitement, accouplement) et enclenche un comportement affiliatif avec le partenaire sexuel ou les petits : on peut dire en simplifiant que l'ocytocine est l'hormone du lien parental ou conjugal ! La femelle montagnarde est donc infidèle par infirmité, génétiquement. Mais il est vrai que dans l'ensemble du règne animal, on trouve plus de vrais couples fidèles, de monogamie stricte. Chez les singes, la monogamie n'est pas exceptionnelle. Je cite toujours l'exemple du ouistiti. Pour la plupart d'entre nous, il est facile de s'identifier à un chimpanzé. C'est mon cas, car j'ai été autrefois psychanalysé par une vieille femelle chimpanzé du Jardin des Plantes… J'ai un certain attachement pour ces animaux, mais un ouistiti, ce n'est rien, c'est une pauvre petite chose, on ne peut pas faire d'anthropocentrisme avec le ouistiti. Or, le ouistiti vit en couple, en couple extraordinairement fidèle. La femelle ouistiti pratique le coït d'apaisement : dès qu'il y a un petit conflit, dès qu'il y a quelque chose dans le couple qui va mal (une autre femelle qui passe, un deuil, etc.), la fréquence des copulations augmente. Cela permet évidemment de favoriser la libération d'ocytocine, cette hormone du lien dans le cerveau sécrétée en réponse à des stimulations des organes génitaux.

L'homme ressemble au ouistiti; il a de l'ocytocine dans le cerveau, mais le coït devient chez lui porteur de sens. Il lui procure à la fois de l'affect et de l'ocytocine. C'est toute cette histoire qu'il élabore à propos du plaisir et du désir qui rend l'homme si différent, même du bonobo, son cousin.

Revenons à cette idée selon laquelle ce qui fonde l'homme, c'est l'altérité. La première altérité, l'altérité fondamentale, c'est le face à face – magnifiquement illustré dans la Genèse – de l'homme et de la femme. Cette femme qui n'est pas aussi différente du mâle que chez d'autres espèces, y compris les chimpanzés, mais qui est dans le même temps semblable et radicalement différente. La bipédie a eu des conséquences sur lesquelles, en général, on passe par puritanisme. La femme, en se redressant, en devenant bipède, et de façon plus ostentatoire que Lucy, l'australopithèque, dissimule ses *genitalia* qui passent entre ses cuisses, du fait même de la bipédie. Le sexe est donc caché chez la femme. Et non seulement le sexe mais l'ovulation. Chez la guenon, y compris bonobo et chimpanzé, la seule partie visible au milieu des poils, ce sont les *genitalia.* Alors que chez la femme, c'est très exactement le contraire. La seule partie qui est velue est justement celle qui ne l'est pas chez la guenon. Et tout le reste est glabre. La femme a des seins pendulaires, ce que n'ont pas d'autres femelles singes. Avec cette peau lisse, ces formes arrondies qui aboutissent à une érotisation permanente et diffuse, le corps de la femme – comme en témoignent les vénus préhistoriques – est devenu un pur objet érotique. Dans le couple humain, il y en a donc un qui s'offre en permanence au désir de l'autre. Pour vivre en société, il faut nécessairement introduire un ordre, en l'absence duquel tout le monde forniquerait avec tout le monde. L'une des origines du développement de la culture, dont l'outil principal est le langage – dans la Bible, Adam parle pour la première fois par l'intercession d'Ève, c'est par elle qu'il s'adresse à cet autre qu'est le Seigneur – , est le sexe. L'homme et la femme devront tempérer leurs désirs, d'où les tabous de l'inceste, d'où les interdictions sociales qui sont essentiellement d'ordre sexuel, et le pouvoir exorbitant, monstrueux – qu'on ne signale pas assez souvent, et qui existe dans toutes les sociétés – de l'homme, le « saigneur », le guerrier, celui qui fait saigner les autres, alors que la femme saigne. C'est de l'ordre du sexuel.

Dire que le sexuel est à l'origine de ce statut extraordinaire de l'homme parmi les primates méritait d'être dit. Je laisse la question ouverte en soulignant simplement son importance. On en arrive à cette conclusion, sûrement caricaturale : « Qu'est-ce que l'homme? » Un sexe pourvu d'un gros cerveau. N'oublions pas en effet que nous avons à peu près 700 grammes de plus de cerveau que le plus évolué de nos ancêtres, sauf ceux qui étaient déjà des hommes. La plupart d'entre nous ont 1 500 grammes de cerveau, à quelques exceptions notables dans l'Histoire, comme Anatole France, qu'on cite toujours, et dont le cerveau ne pesait que un kilo ; mais quelle œuvre littéraire !

Il y a donc ce cerveau. Comment ce cerveau ? Pourquoi ce cerveau ? C'est là qu'entrent en scène ces gènes dont j'ai soigneusement évité jusque-là de parler. Il n'y a pas de différence, nous dit-on toujours, du point de vue génétique, entre l'homme et le chimpanzé. On parle de 2 %, de 1 %, ça n'a pas de sens, parce qu'avec 0,5 % bien choisis, on peut complètement bouleverser les choses. Ce sont ces fameux gènes du développement qui font de l'homme un animal néoténique, c'est-à-dire un fœtus prolongé. L'homme n'est pas fini. Il n'est jamais fini ! Jusqu'à 65 ans, 70 ans, voire 80 ans à titre exceptionnel pour les académiciens français. On continue à fabriquer des neurones dans notre cerveau, contrairement au dogme du neurone qui ne se divise et donc ne se réplique jamais. Mais il faut à peu près seize ans pour finir un cerveau. Pendant seize ans, l'homme continue à fabriquer massivement des neurones, à faire des synapses afin de construire ce monde qui est le sien et aussi le monde des autres, de se donner des représentations, ce que ne pourra jamais faire un singe. C'est probablement une sorte de « miracle » de la sélection génétique qui a fait qu'à un moment de l'évolution, quelques gènes, qu'on appelle gènes homéotiques ou gènes de développement, se sont mis soit à fonctionner plus longtemps – ce qu'on appelle l'hétérochronie –, soit se sont dupliqués et se sont exprimés, là où ils ne devaient pas l'être, dans le cerveau. Et voilà qu'alors, ça se met à pousser en tête, que les aires associatives s'hypertrophient ou deviennent fonctionnelles. Autrement dit, on ne devient pas un homme véritable avec un cerveau de 800 grammes. Mais dans le même temps – et c'est le contrepoids à ce que je viens de dire –, un homme aphasique, totalement paralysé, qui a perdu plus du quart de son cerveau, qui n'est plus que l'ombre de lui-même en quelque sorte, demeure un homme. Il y a donc dans cette transformation de l'homme, bien sûr, un produit de nos gènes, un produit de l'évolution, mais il y a aussi quelque chose qui est de l'ordre du mystère et qui se passe au niveau de la psyché (je suis l'un des rares neurobiologistes à oser utiliser ce mot). Je dis « psyché » parce que plus personne n'entend le grec, si je disais « âme », on me retirerait probablement mon brevet de neurobiologiste.

Je vous laisse avec l'âme de l'homme... Après tout, puisque nous sommes entre nous, je peux bien employer ce mot et je crois que Michel Serres sera mieux à même de parler de l'âme que moi. Mais je pense fermement que l'âme est l'organe le plus résistant de l'animal humain, résistant à l'excès de haine ou à l'excès d'amour. Et si elle n'est pas immortelle, au moins survit-elle quelque temps dans la mémoire des autres.

L'humain à l'aube de l'humanité

Pascal Picq

« Tous nos malheurs proviennent de ce que les hommes ne savent pas ce qu'ils sont, et ne s'accordent pas sur ce qu'ils voudraient être. »
Vercors, Les Animaux dénaturés, *1952*

Pour un paléoanthropologue, qu'est-ce que l'humain? Aussi surprenant que cela puisse paraître, cette question est fort récente, elle a à peine une quarantaine d'années. Auparavant, les spécialistes de l'évolution dite *de* l'homme – au singulier – se confondaient avec les préhistoriens. Or, la préhistoire au sens strict est l'étude des cultures qui précédèrent l'invention des écritures, ce qui sous-tend l'idée que, pour les périodes les plus anciennes, l'homme, c'est la culture, réduite à de la pierre taillée, et ce qui ramène cette discipline à l'archéologie préhistorique. Bref, l'homme, c'est l'outil et l'évidence de l'affirmation dispense de toute interrogation sur ce que sont l'homme et l'humain, ces deux concepts étant consubstantiels. Ce recroquevillement de l'homme aux vestiges de ses productions installait une frontière confortable entre le singe et l'homme, dispensant de toute interrogation sur ce qui est encore perçu par les préhistoriens comme une évidence : le phénomène humain.

La paléoanthropologie, discipline scientifique qui étudie l'évolution biologique de l'homme, se dégage de la préhistoire à l'époque où l'on comprend que nos origines sont africaines. Autrement dit, l'évolution biologique a précédé l'évolution culturelle. Une évidence devenue révolution qui s'affirme au cours des années 1960. Lorsque Yves Coppens est nommé professeur au Collège de France en 1981, il crée la chaire de *Paléoanthropologie et Préhistoire*, héritière épanouie de la chaire de *Préhistoire* tenue précédemment par Henri Breuil puis André Leroi-Gourhan. Un changement d'intitulé qui ouvre sur un changement de paradigme considérable car, depuis, on est à la recherche d'une définition de l'homme, du genre *Homo* au sens biologique du terme.

Le propre de l'humain n'est-il pas justement de se poser cette question : « Qu'est-ce que l'humain ? » Et est-ce propre à notre espèce *Homo sapiens* ? Dans ce cas, les autres hommes, dits préhistoriques, étaient-ils humains ? Je ne pense pas que les premiers hommes, quelque part en Afrique vers 3 millions d'années, s'interrogeaient sur leur condition humaine en descendant chaque matin de leur arbre et avant de partir quérir quelque charogne dans les savanes arborées. On perçoit, au travers de ces questions, la confusion portée par des termes utilisés à bien mauvais escient par des scientifiques et des penseurs de toutes obédiences. Quand on lit partout que l'homme est un *primate humain*, on aimerait avoir une définition de ce qu'est l'humain. Quand on accepte l'évolution biologique de l'homme – l'*hominisation* au sens strict –, on forge un autre concept, celui d'*humanisation*. Mais de quoi procède ou d'où émerge l'*humain*? Deux interrogations placées sur l'autel des évidences, soit parce qu'il existerait une tendance interne à la vie qui mènerait inexorablement à l'état de conscience – c'est la thèse de Teilhard de Chardin – , soit parce qu'une espèce, évidemment la nôtre, aurait reçu cette faculté unique grâce à un phénomène de génération spontanée, ramené chez certains paléoanthropologues à quelques mutations aussi improbables que bénies. Le plus surprenant, à la lecture de ces deux types d'affirmation, c'est que l'humain va de soi, soit parce que cela s'inscrit dans une croyance en un processus interne à la vie, soit parce que cela émerge comme un miracle, mais un miracle qui devait tout de même arriver puisque c'est arrivé. Passons sur la tautologie. Plus ennuyeux, l'impossibilité de situer la question de l'humain dans le domaine des sciences, autrement dit de tester ce qu'est l'humain et, pour cela, de le définir.

Pour les paléoanthropologues et les éthologues – les spécialistes du comportement dit animal – on retrouve la question de la continuité ou de la discontinuité entre l'animal, l'homme ou l'humain. Cette interrogation est devenue d'autant plus pertinente que la diversité des fossiles au seuil du genre *Homo* nous amène à dégager des critères anatomiques propres au genre humain alors que les comportements enfin révélés de nos frères d'évolution, les grands singes, se jouent de nos dernières certitudes sur ce qui fait l'homme.

Des hommes et de l'humain

La question de l'humain, telle que nous l'entendons en Occident, remonte à peine à 2 500 ans. Je fais évidemment référence à la pensée grecque, et plus précisément à Platon et à Diogène. Diogène, à qui l'on doit le célèbre aphorisme « je cherche un homme », devrait être le saint patron des paléoanthropologues. Un échange célèbre entre Diogène et Platon met en exergue la problématique de l'homme et de l'humain chez les paléoanthropologues d'aujourd'hui. Lors d'un débat à Athènes, Platon affirme que l'homme est un bipède sans poil. Diogène écoute, puis sort de l'arène. Il revient quelque temps plus tard, lance un poulet déplumé au cœur de l'assemblée et ironise : « Voici l'homme de Platon ! » Temps bénis, troublés par quelques volatiles de basse-cour, où l'on se posait les bonnes questions ! Car, depuis, nous savons qu'il y a eu beaucoup d'espèces d'hommes qui ont foulé la terre de leur bipédie conquérante et, surtout, on a découvert les mœurs des chimpanzés et des bonobos, bipèdes eux aussi à leurs heures. Avec ces grands singes, on est loin des poulets et vraiment très proche de l'homme. Tout ce qu'on avait cru être le propre de l'homme y a perdu des plumes.

L'humain est un concept qui va de soi pour les anthropologues de toutes obédiences : en anthropologie culturelle ou en ethnologie, bien sûr, en paléoanthropologie, malheureusement, et même parfois pour les primatologues, ce qui surprend. À l'intersection des sciences naturelles et des sciences abusivement humaines, le concept d'humain est loin d'être facile à manipuler. En fait, les anthropologues confondent sans discernement l'homme et l'humain, juxtaposant un concept naturaliste – celui d'espèce et de genre –, et un concept philosophique. Je reste toujours consterné par l'usage qu'anthropologues et primatologues font d'une terminologie abusive, parlant de *primates non humains* pour tous les primates – près de deux cents espèces de singes et autres lémuriens – à l'exception du seul *primate humain*, l'homme. Pourquoi ne pas appeler un chat un chat et un homme un homme ? Quelle est cette concession consentie du bout des lèvres, qui admet que l'homme est un primate – triste réalité de la nature – mais humain, donc sauvé des singes ? Savent-ils, ceux qui utilisent cette terminologie étonnante, ce qu'est l'humain ? Ou est-ce pour eux une évidence qui se dispense de critères ? Un acte de conviction comme il y a des actes de foi. À croire qu'on n'a guère avancé depuis l'époque de Diogène, qui aurait toutes les raisons de se retourner dans son tonneau. Car le constat est bien triste. Les zoologistes, les évolutionnistes, les naturalistes, les éthologues, les spécialistes de psychologie animale qui comparent l'homme aux autres espèces, notamment aux grands singes, depuis leurs gènes jusqu'à leurs capacités cognitives, en passant par tous les recoins de leur anatomie, constatent la multiplicité des continuités des structures. Alors, d'où vient l'humain ? Face à l'avancée des connaissances, il reste l'héritage de Descartes, qui justement a ouvert le chemin de la compréhension des structures, mais qui invoque un supplément d'âme pour l'humain.

La place de l'homme dans la nature

L'homme appartient à l'ordre des primates, terme qui signifie « les premiers ». On doit cette classification à Carl von Linné – considéré comme le fondateur des sciences naturelles – dans l'édition de 1758 de sa *Systématique naturelle ou Systema Naturae.* Depuis, la carte de visite naturaliste de l'homme a été complétée : nous faisons partie du genre *Homo*, au sein de la famille des hominidés, dans la superfamille des hominoïdes ; eux-mêmes classés dans l'infra-ordre des anthropoïdes ; au sein des primates, c'est-à-dire parmi les *Archonta*, autrement dit « les chefs ». Difficile de faire plus anthropocentrique. L'homme s'installe au cœur du monde animal et élargit les niveaux des classifications en cercles de plus en plus larges qui embrassent de plus en plus d'espèces.

La systématique est la science de la classification des espèces. Dans ses classifications, Linné place les chimpanzés et les orangs-outans au plus près de l'homme. Il les appelle même *Homo nocturnus* et *Homo sylvestris.* À l'époque, ce voisinage ne trouble guère puisque la nature se conçoit comme fixe depuis le temps de la Création. Si de grands singes ressemblent aux hommes, c'est que le Créateur l'a voulu ainsi. Mais tout se gâte avec l'émergence de l'idée de transformation des espèces, qui traduit cette relation de proximité en relation généalogique, comme le comprend Jean-Baptiste de Lamarck dans sa *Philosophie zoologique* (1809). Autrement dit, on commence à comprendre que l'homme descend du singe. Dès lors, il y a danger aux marges de l'humain. De grands naturalistes, comme Georges de Buffon, Louis Daubenton et Petrus Camper, stigmatisent les différences entres les grands singes et l'homme. Les grands singes mettront deux siècles à s'en relever, même si, dans la seconde moitié du XIXe siècle, Thomas Huxley – auquel on doit *As Man's Place in Nature* (*De la place de l'homme dans la nature*), 1863 – et

Charles Darwin placent les chimpanzés et les gorilles plus près de l'homme que des autres singes.

Les naturalistes ou systématiciens n'auront de cesse de créer – c'est le terme – une classe à part pour l'homme. Les uns insistent sur un caractère jugé exclusivement humain – les *Erecta* ou les *Bimanes*, en référence à la bipédie et à la libération de la main. D'autres, comme Julian Huxley, petit-fils de Thomas Huxley, insistent sur les caractères psychologiques et moraux des hommes et forgent la classe à part des *Psychozoa*. Ainsi, même dans le cadre des théories modernes de l'évolution, qu'on appelle néodarwinisme ou *théorie synthétique de l'évolution* – terme inventé par Julian Huxley – et qui domine la pensée évolutionniste entre 1947 et 1977, les évolutionnistes s'efforcent de réserver une place à part à l'homme, étant entendu que si son corps a évolué, il reste que ce qui fait l'humain échappe aux lois de l'évolution.

Entre la fin du XIXe siècle et la fin du XXe

siècle, soit entre Charles Darwin et Stephen Jay Gould, se développent la préhistoire et la paléoanthropologie. Pendant cent ans, les avancées des connaissances sur notre passé évolutif se font à l'abri de toute contamination simiesque. Tous les scénarios sur nos origines émergent sans aucune connaissance des singes et des grands singes. Tout ce qui est censé constituer le propre de l'homme, l'humain, apparaît comme une évidence : la bipédie, l'outil, la vie sociale, le partage de la nourriture, la chasse, la culture, etc. Une seule concession est faite à l'évolution. Il est admis que l'acquisition de toutes ces caractéristiques humaines s'est réalisée lors de l'avancée de nos lointains ancêtres dans des savanes vibrant de tous les dangers. Le futur humain se libère d'un audacieux coup de rein et porte la tête au-dessus des hautes herbes qui, jusque-là, faisaient écran à sa destinée. Toujours cette vision cartésienne d'un corps qui encage l'âme. C'est la volonté d'être humain qui force le redressement du corps avec, ensuite, l'acquisition de toutes les autres caractéristiques de l'humain. C'est bien ce qu'exprime le début du film *L'Odyssée de l'espèce* diffusé sur une chaîne de télévision française en janvier 2003 ; magnifique réalisation dédiée à l'avènement de l'humain.

Cependant, même si le pré-humain s'éloigne à toutes jambes de son passé simiesque, il est rattrapé par ses gènes. Deux révolutions s'affirment dans les années 1970 : la systématique moléculaire et la systématique phylogénétique. Avec la systématique moléculaire, on compare le matériel génétique (hémoglobine, comparaison des chromosomes, hybridation puis séquençage de l'ADN, etc.) pour établir les relations de parenté entre les espèces ; avec la systématique phylogénétique, on ne classe plus en fonction d'une certaine idée anthropocentrique de l'homme dans la nature, mais en fonction justement des relations de parenté. Résultat : les chimpanzés et les bonobos – l'autre espèce de chimpanzés –, se retrouvent plus près de l'homme que des autres singes, et même des grands singes comme les gorilles ou les orangs-outans. Aujourd'hui, la famille des hominidés se compose des grands singes africains : gorilles, chimpanzés, bonobos et hommes. C'est tout simplement pour cela que nos origines sont africaines.

Éthologie comparée

Cap sur l'Afrique donc, terre de nos origines. Charles Darwin est le premier à tirer les conséquences de cette étroite parenté entre les chimpanzés et les hommes. En 1871, il tient le raisonnement suivant : l'homme est partout sur la terre, donc on ne peut pas connaître le berceau de ses origines. En revanche, nos frères d'évolution, les chimpanzés, sont en Afrique. Or, quand deux lignées se séparent à partir d'un dernier ancêtre commun, cela se fait dans des zones géographiques voisines. CQFD. Il faut toutefois attendre un siècle pour que la prédiction de Darwin se vérifie, car notre pensée anthropocentrique et occidentale n'accepte pas l'idée de ces origines africaines.

La paléoanthropologie africaine entre dans son âge moderne en 1959 lorsque Mary et Louis Leakey découvrent dans les gorges d'Olduvai, en Tanzanie, les restes d'un hominidé fossile auprès des plus anciens outils en pierre taillée connus et datés de près de deux millions d'années. Comme on pense que l'outil, c'est l'homme, on s'attend à trouver le premier homme. Hélas, c'est un australopithèque robuste, surnommé M. Zinj, que l'on découvre. Voilà que le premier artisan de la préhistoire n'est pas un homme. Quelques années plus tard, on trouve les restes d'un autre hominidé, nantis d'une main plus habile et d'un cerveau plus développé – de 650 cm^3, soit la moitié de la taille du nôtre : c'est *Homo habilis.* Il est présenté, en 1964, comme le premier homme. La définition de l'homme est à revoir. Évidemment, on retire les outils à M. Zinj pour les attribuer à *Homo habilis.* Pas prêteur pour un silex, le premier homme... Une attitude bien humaine, celle-là ! Cependant, ce statut de premier homme attribué à *Homo habilis* n'a jamais fait l'objet d'un consensus, pas plus en 1964 qu'aujourd'hui.

Mais une autre révolution débute au fond de ces gorges d'Olduvai. Une jeune femme, Jane Goodall, accompagne les Leakey. Elle est passionnée par les faunes sauvages, mais pas vraiment par les fossiles. Alors, Louis Leakey lui suggère d'aller observer les chimpanzés. Parallèlement, Diane Fossey se rend parmi les gorilles tandis que Biruté Galdikas part observer les orangs-outans. Les trois anges de Leakey vont révéler au monde qui sont nos frères d'évolution. Car, jusqu'au cœur de ces années 1960, il était entendu que le caractère humain de l'homme reposait sur un axiome, et sur l'ignorance totale de ce qui l'entourait. Une erreur par omission monumentale, puisque l'erreur est humaine.

Où en sommes-nous de ces observations

et des comparaisons, quarante ans plus tard? Tous les critères qui fondent l'homme sont préservés, qu'on se rassure, mais ils sont plus ou moins partagés avec nos frères les grands singes, notamment les chimpanzés et les bonobos.

La bipédie : ce caractère anatomique étonnant qui porte notre tête au-dessus de nos instincts se retrouve chez les grands singes et surtout chez les bonobos, les plus arboricoles de tous, sans oublier la vingtaine d'espèces d'hominidés fossiles qui déambulent sur les multiples chemins de nos origines depuis plus de sept millions d'années.

L'outil : les chimpanzés utilisent des outils et se transmettent des traditions; bref, ils possèdent des comportements culturels. Ça aussi, Darwin le savait, car des observations et des descriptions avaient été faites depuis 1844. Mais il fallut attendre les années 1970 pour que des éthologues aillent en Afrique de l'Ouest et « redécouvrent » que des chimpanzés brisent des noix à l'aide de pierres ou de bouts de bois. Il fallut attendre aussi une grande synthèse de centaines de milliers d'heures d'observations à partir de sept populations de chimpanzés pour que l'on démontre, enfin, qu'ils ont des cultures. Sans surprise, on constate qu'il en est de même chez les orangs-outans, nos lointains et magnifiques cousins d'Asie.

La guerre : hélas, les chimpanzés sont aussi enclins à agresser leurs voisins que les hommes. Cela est corrélé au fait que chez les hominidés, les mâles apparentés restent ensemble toute leur vie alors que les femelles migrent à l'adolescence pour se reproduire. Les mâles forment des clans soudés qui patrouillent pour contrôler et défendre leur territoire. Parfois, ils mènent de véritables expéditions dans le seul but d'agresser leurs voisins, allant jusqu'à les tuer.

L'interdit sexuel : de ce qui précède, et par conséquent, il n'y a pas d'inceste chez les animaux. Chez tous, l'un des deux sexes quitte le groupe natal au moment de l'adolescence pour se reproduire. Dans la très grande majorité des cas, notamment chez les singes, les femelles restent ensemble alors que les mâles migrent. C'est l'inverse chez les chimpanzés et chez les hommes. En fait, l'homme se révèle être le singe le plus incestueux.

La vie sociale : les hommes, les chimpanzés et les bonobos vivent dans des sociétés de fusion-fission. Plus explicitement, les individus se séparent pour vaquer à leurs occupations et retrouvent le groupe pour nouer d'autres relations sociales. Ce qui nous semble si simple est loin d'être une évidence et requiert des codes sociaux très complexes.

Le chasse et le partage de la nourriture : les chimpanzés sont les principaux prédateurs d'autres singes, comme les colobes, et partagent les carcasses et parfois d'autres nourritures selon des règles de hiérarchie et de bienséance qui n'ont rien à envier à nos manières de table.

La sexualité : c'est à partir de 1974, année de la découverte de Lucy, que l'on observe les bonobos. Ils pratiquent la copulation en dehors des périodes de fécondité des femelles et dans diverses positions, notamment en face à face. Leur sexualité n'est pas nécessairement liée aux fonctions de reproduction – moins encore que chez l'homme – mais sert à réguler les tensions sociales.

Politique, morale et mensonge : ces trois éléments indissociables de notre vie sociale existent chez nos frères chimpanzés.

Agression et réconciliation : la vie sociale des chimpanzés est ponctuée de conflits, de réconciliations, de baisers affectueux, parfois affectés de gestes de traîtrise. L'intervention de médiateurs peut même se révéler utile pour préserver la paix dans le groupe.

La communication symbolique : les grands singes sont d'excellents élèves lorsqu'il s'agit d'apprendre la communication avec des signes et des symboles, comme le langage gestuel des sourds et muets ou par le biais de touches d'ordinateur. Il fallut attendre 1997 pour que l'on s'aperçoive qu'ils possèdent des structures du cerveau analogues aux nôtres, où se localisent les facultés cognitives du langage.

Conscience de soi : leur comportement devant des miroirs comme, et surtout, leurs stratégies sociales impliquent qu'ils sont capables de se représenter les états mentaux des autres. Ils font donc preuve d'empathie et de sympathie, ce qui suggère aussi mensonges, réconciliations, etc.

Rires et pleurs : il suffit de passer du temps auprès d'une société de chimpanzés pour les voir exprimer de telles émotions.

Dans ce voyage récent et à peine entamé chez nos frères d'évolution, l'homme n'a rien perdu en chemin. Comme le dit Christophe Boesch, cet éthologue-anthropologue qui a retrouvé les chimpanzés briseurs de noix : « Après vingt ans passés chez les chimpanzés, je ne me suis jamais senti chimpanzés et les chimpanzés ne se sont jamais sentis hommes. » Depuis, la plupart des chimpanzé de Christophe Boesch ont été décimés par le virus Ébola. Signe que nous sommes unis pour le meilleur comme pour le pire. Pour ceux qui se refusent à partager ces pans d'humanité avec les chimpanzés – le nom scientifique des chimpanzés est *Pan*! – , précisons que depuis nos origines communes, la lignée des chimpanzés et celle des hommes n'ont cessé de diverger. Nous n'avons jamais été aussi différents.

Alors, ces caractéristiques que nous partageons avec nos frères d'évolution signifient que les fondements de notre humanité proviennent de notre dernier ancêtre commun, qui vivait quelque part en Afrique vers 7 millions d'années ; ou que les chimpanzés ont entamé leur hominisation dans la forêt alors que nous évoluions dans les savanes arborées.

L'émergence de l'humain

Que peut nous dire la paléoanthropologie à cet égard ? Il est manifeste que je n'adhère pas à ces sectes de l'hominisation enfermées dans leurs chapelles de certitudes, celles qui évoquent un élan vital, un alpha et un oméga, ou encore des attracteurs étranges sans oublier de curieux arbres fractals annonciateurs de l'homme. Les hommes se montrent très inventifs pour faire sortir l'humain de la nature. Pour ma part, je me contente d'être à la recherche de l'homme, comme Diogène, mais à la lumière de ma petite lanterne scientifique.

Actuellement, on ignore si la lignée dont sont issus les hommes s'est séparée de celle qui a produit les chimpanzés d'aujourd'hui en Afrique de l'Est avec Orrorin, le « fossile du millénaire » ou en Afrique de l'Ouest avec Toumaï, annoncé durant l'été 2002. Seule certitude, ces fossiles confirment nos origines africaines.

Depuis ce dernier ancêtre commun, on ignore tout de l'évolution qui a conduit aux grands singes actuels. Eux aussi ont évolué, jouant sur le jeu des possibles légués par notre dernier ancêtre commun. Car, rappelons-le avec force, tout ce que nous partageons avec les chimpanzés et les bonobos actuels provient de notre dernier ancêtre commun. Ce sont là les fondations communes de nos comportements, à partir desquelles s'est construite notre humanité. Quant à notre lignée, elle s'est épanouie entre 4 et 3 millions d'années avec la diversité des australopithèques, répartis sur toute l'Afrique. On en connaît au moins cinq espèces contemporaines, dont la célèbre Lucy. Nous sommes là au seuil du genre *Homo.*

Ce peuple australopithèque disparaît, victime d'un premier coup de froid planétaire. On entre dans les âges glaciaires, entre 3 et 2,5 millions d'années. L'immobilisation de grandes quantités d'eau sous forme de glace aux pôles provoque une moindre pluviosité, avec un climat globalement plus sec et plus saisonnier en Afrique. Les forêts reculent devant l'expansion des savanes. Le milieu s'ouvre. C'est dans ce contexte environnemental qu'apparaissent les premiers hommes – *Homo habilis*, *Homo rudolfensis* et *Homo ergaster* – avec les paranthropes appelés aussi « australopithèques robustes », dont M. Zinj. Tous utilisent des outils en pierre taillée, tous mangent de la viande, leur bipédie s'affirme par rapport à celle de leurs ancêtres australopithèques et leurs cerveaux sont plus grands et mieux structurés. Ainsi, ce que l'on tient classiquement pour le propre de l'homme se retrouve plus ou moins affirmé chez plusieurs espèces contemporaines d'Afrique entre 2,5 et 1,5 millions d'années.

Puis survient un événement considérable, peut-être l'un des actes fondateurs de l'humanité en devenir. Des hommes sortent d'Afrique. Est-ce *Homo ergaster*, avec sa grande stature, comme on le pensait il y a encore peu de temps, ou un autre type d'homme intermédiaire entre *Homo ergaster* et ce petit *Homo habilis* au statut si incertain ? Grâce à de superbes fossiles découverts à Dmanisi, en Géorgie, et décrits durant l'été

2002, cet événement considérable pourrait être attribué à des « hommes » proches d'Homo habilis et remonterait à près de deux millions d'années. Selon moi, ce sont là les premiers hommes au sens strict du terme : des grands singes bipèdes qui se sont affranchis du monde des arbres et sont capables de survivre sous d'autres latitudes. Ils inventent des outils symétriques, construisent des abris, utilisent le feu à partir de 1,7 million d'années.

Après cela, nos ancêtres nous laissent peu de traces entre 1,7 et 0,7 million d'années : un million d'années d'incertitude. Mais au cours de cette période, tous les autres hominidés disparaissent. Dès lors, notre magnifique lignée africaine se réduit au seul genre *Homo*. Que se passe-t-il au sein du genre *Homo* ? Combien d'espèces d'hommes se succèdent-elles au cours de cette période ? Les scientifiques se disputent. Disons que depuis la souche *Homo ergaster*, il y a une branche européenne, qui donne les hommes de Neandertal, une africaine, qui donne l'homme moderne – nous –, et une asiatique, que nous appellerons « hommes de Solo », pour faire simple.

On retrouve les Néandertaliens ou *Homo neandertalensis* et les premiers hommes modernes, *Homo sapiens* ou Cro-Magnon, autrement dit nous, au Proche-Orient entre 110 000 ans et 50 000 ans. Ces deux types d'hommes partagent les mêmes complexes culturels. Ils pratiquent les mêmes techniques de taille de la pierre, façonnent des outils identiques, ont les mêmes économies de subsistance. D'emblée, il faut récuser cette idée obsolète qui a encore cours dans nos manuels scolaires et selon laquelle à un type d'hommes est associé un type de culture préhistorique. Force est de constater que deux types d'hommes, deux espèces biologiquement différentes – *Homo sapiens* et *Homo neandertalensis* – constituent une même humanité, une seule humanité à plusieurs visages.

Ces deux types d'hommes, tout aussi humains l'un que l'autre, enterrent leurs morts. En aménageant des sépultures, en disposant autour des corps des défunts des offrandes, ces hommes nous montrent qu'ils ont une idée d'un autre monde après la mort. Alors, qui, d'*Homo sapiens* ou d'*Homo neandertalensis,* a inventé ces pratiques funéraires ? L'évolutionniste tristement prosaïque répond que cela provient certainement de populations ancestrales communes, peut-être des *Homo ergaster* tardifs – appelés selon les auteurs *Homo heidelbergensis* ou *Homo antecessor.* Des vestiges provenant de Gran Dolina, en Espagne, et vieux de 300 000 ans, attestent que nos lointains ancêtres se seraient préoccupés dès cette époque du destin des morts. Là, dans le « puits aux ossements », les paléoanthropologues ont mis au jour les restes de plusieurs dizaines d'individus dont les ossements portent des traces de manipulation, témoignages troublants d'une « chapelle ardente » prénéandertalienne.

Hélas, les glaciations ont eu raison de tous les hommes, sauf de notre espèce, *Homo sapiens.* Pourquoi nous et pas les autres ? En tout cas, nous sommes les derniers survivants de cette grande aventure.

Homo sapiens en quête d'humain

Les origines de notre espèce *Homo sapiens* sont certainement africaines et remontent à 200 000 ans. Mais une révolution considérable arrive, portée par certaines populations d'*Homo sapiens* : la révolution symbolique, avec l'art qui apparaît sous toutes ses formes – musique, gravure, peinture, sculpture, sans oublier les parures et le mobilier funéraires. Ce sont les hommes de Cro-Magnon au sens strict, tout aussi *Homo sapiens* que nous, qui entament leur expansion géographique entre 60 000 et 40 000 ans. Pour nombre de paléoanthropologues, seules certaines populations de Cro-Magnon furent porteuses d'une formidable révolution cognitive qui livra une représentation symbolique de nos mondes et dont seuls quelques vestiges nous sont parvenus. Dès lors, c'est comme si une seule espèce d'une lignée jadis florissante avait pu perdurer sur la terre.

Pour eux, seules quelques populations de Cro-Magnon auraient bénéficié d'un surgissement de l'humain, sorte de révélation spontanée de notre évolution. Il est aussi élégant que commode de faire jaillir l'humain d'une mutation cognitive qui le conduisit à dominer le monde. Cependant, on peut regretter que les partisans de cette hypothèse s'acharnent à déshumaniser les autres hommes, notamment les hommes de Neandertal. Terrible constat, l'humain n'est jamais défini clairement, sauf sur le ton de l'évidence, et tout ce qui n'est pas l'homme au sens de l'humain se voit rangé sous la bannière des bannis, des non-humains. Passe encore pour les chimpanzés ; mais pourquoi un tel acharnement sur les Néandertaliens ? De la controverse de Valladolid à une certaine anthropologie, que ce soit dans l'histoire ou la préhistoire, on retrouve toujours les mêmes figures de l'exclusion, qui passent par la négation de toute humanité à l'autre.

L'homme existe, il y a donc un propre de l'homme. L'humain est une évidence, mais qui exige d'être redéfinie à la lumière des connaissances apportées par les paléoanthropologues et les éthologues. L'homme est-il un « animal-plus », c'est-à-dire un être vivant qui se distingue, s'émancipe de cette condition par l'acquis d'une caractéristique unique – bipédie, culture, pensée symbolique, etc. – ou faut-il le débarrasser de cet ancrage animal et « empêcher toute sorte de communauté ontologique entre l'animal et l'être humain » (Heidegger cité par Peter Sloterdijk in *Règles pour le parc humain*).

L'anthropologie évolutive et l'éthologie ont d'ores et déjà accumulé assez de connaissances pour invalider la première conception, puisque toutes les caractéristiques de l'homme se retrouvent chez nos frères les chimpanzés. À moins que la dernière frontière ne passe par le langage, ce langage qui nous permet, justement, d'évoquer la question de l'humain. Autrement dit, est-ce le langage qui fait l'humain ? Rappelons cette expérience troublante menée avec une chimpanzé nommée Sarah, à laquelle on avait appris à communiquer avec le langage gestuel des sourds et muets. Le célèbre psychologue Gordon Gallup lui propose une série de photographies représentant des hommes et des animaux, des personnes qu'elle connaît comme des chimpanzés avec lesquels elle vit. On lui demande de séparer les animaux des humains. Sans hésiter, elle place tous les animaux d'un côté, dont son père, qui n'a pas appris le langage par gestes. De l'autre, elle empile les photographies des femmes et des hommes qu'elle connaît ainsi que son propre portrait. Cela me rappelle la phrase célèbre de Julien-Joseph Virey « Nous naissons singes, c'est l'éducation qui nous fait hommes. »

Nous voilà donc à nouveau confrontés à la question des origines de l'humain. Selon moi, l'humain est loin d'être une évidence qui va de soi. C'est une construction de notre psychisme qui s'appuie, nécessairement, sur un substrat cognitif dont les origines remontent au-delà du dernier ancêtre commun que nous partageons avec les chimpanzés. Au cours de leur évolution, les chimpanzés ne sont pas devenus des hommes; quant aux hommes, il n'est pas encore certain qu'ils soient devenus humains. Nos capacités cognitives, celles qui nous autorisent à discuter de l'humain, procèdent de notre évolution et, à ce titre, se construisent sur des fondements partagés avec nos espèces sœurs. Par conséquent, les capacités à être humain se manifestent chez plusieurs lignées, à commencer par celles qui nous ont quittés si récemment, les Néandertaliens. On l'a vu, l'émergence de l'humain, ramenée à l'explosion symbolique – preuve aussi magnifique que réduite de ce que nous sommes –, n'est pas une affaire d'espèce, en l'occurrence pas de la nôtre, *Homo sapiens*, mais le fait de quelques populations d'*Homo sapiens* qui, dans l'état actuel de nos connaissances, proviennent d'Afrique du Sud. Ces populations ont inventé ou développé nos modes de représentation symbolique, lesquels se sont ensuite diffusés très vite sur la terre. Cela signifie que les autres populations d'*Homo sapiens* – auxquelles j'ajoute les Néandertaliens – possédaient déjà les capacités cognitives, support de nos représentations symboliques. Puis, dès lors que certaines populations ont engagé cette révolution de l'esprit, celle-ci s'est diffusée comme une « traînée de poudre d'ocre » sur la terre des hommes. L'humain est bien une invention des hommes, qui repose sur notre héritage évolutif partagé, mais n'est pas une évidence pour autant. *Homo sapiens* n'est pas humain de fait. Il a inventé l'humain et il lui reste à devenir humain, ce qui sera fait lorsqu'il regardera le monde qui l'entoure avec humanité. L'humain, c'est aussi un devoir d'humanité. On relira à cet égard le magnifique texte de

Clément Rosset, *Lettre sur les Chimpanzés*, superbe manifeste pour une humanité pleine et élargie.

Face à la difficulté de définir l'humain, certains tenants des sciences humaines réagissent depuis quelque temps. On comprend que certains philosophes, comme Élisabeth de Fontenay, soient réservés face aux tentatives de définir le propre de l'homme. L'Histoire nous a appris, en effet, que la détermination de critères conduit très vite à des justifications de l'exclusion. Il s'agit d'une position d'un humanisme ouvert au monde, donc dénué d'anthropocentrisme. Mais que penser de certains psychanalystes, si anthropocentrés, qui considèrent que tenter de « définir l'homme, c'est lui faire violence », pour citer Daniel Sibony dans un dossier très discutable consacré aux origines de l'homme dans le *Science et Vie* n°1026 de mars 2003 ? En tant qu'anthropologue et naturaliste, je constate la violence faite au reste du monde par les hommes sous prétexte que l'humain s'autojustifie de tous ses actes. D'ailleurs, il serait temps de placer ceux qui dissocient l'homme de l'animal devant leurs contradictions. Comment peut-on dire que l'homme n'est pas un animal et invoquer notre animalité dès que des hommes commettent des actes inhumains ?

Depuis que des hommes sont sortis d'Afrique, il y a deux millions d'années, ils n'ont eu de cesse de courir vers d'autres horizons, comme pour fuir leur condition ancestrale. Il est vrai que ce sont des *Homo sapiens* qui franchissent des steppes glacées et des mers profondes pour aller vers les nouveaux mondes. D'où vient cette quête presque insensée qui nous pousse à regarder vers le ciel alors que ce que nous sommes se trouve à côté de nous, ignoré ? Comme si devenir humain était une quête d'émancipation et de liberté longtemps étouffée dans un corps simiesque. C'est l'évolution qui l'a néanmoins permis. Les ancêtres des chimpanzés ont eu aussi cette chance. Les hommes l'ont incomplètement saisie. Je ne pense pas qu'ils soient les seuls. Nous commençons tout juste à nous rendre compte que l'humain – les promesses d'humanité – ne sont peut-être pas si uniques que cela. Il suffit de s'ouvrir au monde.

Le temps humain : de l'évolution créatrice au créateur d'évolution

Michel Serres

Où va le savoir ? Vers les sciences humaines. Dès le XIXe siècle, Auguste Comte et Renan prophétisent ainsi l'avenir de la science. Quoique, par la suite, les particules aient décomposé l'atome, que l'astrophysique ait ouvert l'univers, que le code génétique, universel, ait déchiffré la vie, je crois pourtant que l'histoire à venir retiendra le XXe siècle de ces trois exploits comme le fondateur de multiples disciplines destinées à répondre à la question : *Qu'est-ce que l'humain ?* À beaucoup d'égards, il restera celui des sciences dites douces. Je me souviens du décret gouvernemental qui nous les fit ajouter au fronton des anciennes facultés de lettres et à la liste des agrégations. Passé 1950, elles triomphèrent. Emblématique, la figure de Claude

Lévi-Strauss, par exemple, domina l'université, la recherche, les médias, l'opinion. Qui pouvait, qui peut encore aujourd'hui répondre à cette question, sauf l'économie, la linguistique, les psycho et sociologies, l'ethno et l'anthropologie, plus vingt histoires diverses, de celle des religions à celle des mentalités, bref la Maison des sciences de l'homme, de sa voix nombreuse et une ? Nous ne reviendrons ni sur cet acquis ni sur ses avancées.

Mais, depuis quelque temps, les disciplines dures apportent des lumières neuves dans ce groupe doux, pendant qu'il piétine un peu, se répète plus et découvre moins. Frazer, Durkheim, Mauss, Dumézil et Girard inventèrent, Bourdieu ressassa. Courant sur cette erre, journaux et revues n'ont pas changé de cap depuis la formation de leurs rédacteurs et répètent à l'envi ce qui se disait à l'époque où lesdites sciences sociales s'imposaient sans partage. Pour l'opinion courante, l'humain reste encore exclusivement historique, social et culturel, économique et administré ; parler de sa « nature » passe pour une erreur dure. Si rafraîchissantes au cours de leur efflorescence, les sciences humaines contribuent aujourd'hui à une sorte de correction politique.

Relais au XXIe siècle

Voici à peine quelques années, un livre semblable, consacré à répondre à la même question : « Qu'est-ce que l'humain ? » eût réuni, en effet, un ethnologue, un sociologue, un psychanalyste... et n'eût même pas convoqué de médecin. Or, avant moi, la paléo-anthropologie et la biologie neuronale y répondent sans partage. Cette nouveauté signe le début du XXIe siècle.

Pour parler de nouveau en figures emblématiques, Yves Coppens tend à remplacer Claude Lévi-Strauss. Celui-ci voyageait dans l'espace au large, des tropiques à Vancouver, pour traverser les frontières culturelles, alors que le premier, explorant le temps long, franchit des millions d'années vers l'aurore africaine. En termes d'épistémologie, l'hominisation préoccupe autant aujourd'hui qu'hier la distribution différenciée des usages et des mythes ; on soupçonne même qu'elle pourrait l'expliquer. L'arborescence temporelle où s'étagent l'*ergaster* et l'*afarensis* précède et conditionne le bouquet spatial où se dispersent Kwakiutl et Arapesh. Si vilipendée naguère, l'origine, l'antérieur si décrié, pourraient-ils donc éclairer le différent ? En termes d'institutions, le nouveau siècle tentera de connecter le Muséum d'histoire naturelle au musée de l'Homme et à la Maison des sciences douces. Voilà pourquoi ce livre commencent par les synapses et les chimpanzés. Pour décrire la conduite personnelle, nous avions oublié les premières, aussi bien que les seconds pour mieux comprendre nos rapports sociaux.

Depuis la découverte de Lucy dans le rift kenyan, depuis la montée en puissance de la paléoanthropologie, de la biochimie, des

sciences cognitives et neuronales, débutantes à leur tour, nous revisitons le relais nature-cultures, nous remettons en connexion deux domaines séparés depuis longtemps. Le XIXe siècle annonça les sciences humaines ; nous les vîmes s'épanouir au XXe ; le XXIe les réunira aux sciences dures. Je viens d'écrire *Hominescence* et *L'Incandescent* pour souder fluidement les nœuds de ce nouveau réseau.
Une méditation sur le temps assure cette connexion. Pour l'inaugurer, qu'appelle-t-on, justement, la nature ?

Le temps de nature

J'appelle Grand Récit l'énoncé des circonstances contingentes émergeant tour à tour au cours d'un temps, d'une longueur colossale, dont la naissance de l'univers marque le commencement et qui continue par son expansion, le refroidissement des planètes, l'apparition de la vie sur la terre, l'évolution des vivants telle que la conçoit le néodarwinisme et celle de l'homme. Désormais bien documenté, jouant même un rôle canonique au sein de la nouvelle culture scientifique, ce récit, globalement vrai compte tenu des réaménagements réguliers que pratiquent sur lui des inventions et découvertes aussi contingentes que son propre flux, buissonne donc de multiples bifurcations où apparaissent, à l'état naissant, tous les phénomènes existants, bien ou mal connus.

Quand il nous pousse à respecter une sorte de déesse pastorale ou qu'il signifie l'essence d'une notion, d'une chose ou d'un vivant, nous délaissons avec raison le terme de « nature », car ces deux sens, encore aujourd'hui courants, dérivent de superstitions et d'idéologies. Mais je n'hésite point à l'utiliser dans son sens étymologique de naissance. Nature désigne ce qui naît. Considérons alors l'ensemble des bifurcations du Grand Récit qui divergent vers une émergence, celles des planètes, de la vie, des espèces ou de l'homme; notre corps et son environnement naquirent de quelques-uns de ces surgissements dont nous marquons assez précisément la date.

Qu'est-ce donc que la nature? *L'intégrale indéfinie des bifurcations surgissant du Grand Récit, même si nous ne les connaissons ni ne les dominons pas toutes.* Quasi tautologiquement, la nature se dit de la somme de ces naissances.

Qu'est-ce que l'humain? *Un sous-ensemble défini de ces bifurcations naturelles. Cette intégrale définie* fournit une définition saine, sans rêve ni tabou, de la nature humaine, dates de naissance et manières de naître, même si nous n'en maîtrisons pas complètement tous les processus.

Évaluation des durées « naturelle » et « culturelles »

Le temps qu'ils demandèrent dura des millions d'années, à la suite des milliards requis par l'univers physique, alors que les cultures et, *a fortiori*, l'histoire, datent à peine de quelques millénaires. Nous ne pouvons pas ne pas comparer une nature ou des naissances émergeant de durées aussi colossales à l'infime minceur de nos civilisations. Certes, le temps seul ne décide pas de tout, mais avons-nous seulement évalué son poids ?

J'ai mis longtemps à entrer dans l'intuition de cette durée, si nouvellement immense. J'invite à y méditer. À l'âge classique, Pascal s'effrayait de la grandeur, qu'il disait infinie, de l'espace, nous nous étonnons, jusqu'à l'incompréhension, de l'épaisseur énorme du temps et de rythmes incommensurables. Qu'est-ce que l'humain ? *Une espérance de vie individuelle qui, récemment et en des lieux rares, atteignit soixante-dix à quatre-vingts ans, plongée dans des cultures collectives qui, au mieux, durèrent quelques millénaires, elles-mêmes plongées dans l'évolution d'une espèce,* Homo sapiens, *qui date de quelques millions d'années, elle-même plongée dans une durée vivante de quatre milliards, elle-même composée enfin, d'éléments forgés depuis quinze environ, autour de la naissance même de l'univers; en somme, l'humain associe de petits éclats imperceptibles à une énorme coulée de durée.* Mais, à l'exception de son début, cette définition peut aussi se dire des espèces et de leurs individus.

Ne vous trompez donc pas sur les distances de quelques pages qui me séparent de Jean-Didier Vincent et de Pascal Picq : du haut des neurones du premier, une évolution de dizaines de millions d'années vous contemple, et de l'Afrique du second, une préhistoire de centaines de milliers. L'un parle de Nature et l'autre des premières Cultures. Limité aux sciences humaines, il ne me reste plus rien de vraiment long à dire : une mince pellicule temporelle. Si nous figurons par une grande année la durée dont je viens de parler, nos cultures, nos langues et nos politiques se limitent à quelques fractions de sa dernière seconde. Si vous me demandez mon âge enfin, je peux vous avouer celui de mon état civil, mais je puis aussi dater celui des différentes couches de neurones qui constituent mon cerveau, dont certains apparurent avec les singes dits supérieurs, mais dont d'autres viennent des reptiles d'ères antérieures ; de même, brassé dans sa composition à partir de ceux de mes parents, mon ADN remonte à quatre milliards d'années dans sa structure ; quant aux atomes qui le composent, leur formation accompagne celle du monde, voilà dix à quinze milliards d'années. Mais cela peut se dire de tous les vivants.

Qu'est-ce que l'humain ?

Cette restriction explique pourquoi les philosophes, entre autres, doutent de toute définition de l'humain ; l'éthologie trouve presque toujours un animal, une plante, voire une bactérie, dotés de la qualité prétendument spécifique à notre espèce. *Les Cinq sens* disent avec humour que parler de l'*Homo sapiens* exclut l'immense majorité de ses semblables qui, dénués de goût, ne cherchent pas dans les aliments une excellence de sapidité. Dans l'analyse des nouvelles technologies, *Hominescence* le dit même sans faculté. Contemporaine, cette défaite pousse à le réputer sans propriété. Dite apophatique, la théologie, jadis, parlait ainsi de Dicu, cn disant ce qu'Il n'était pas. Sans risque, une philosophie négative ou critique s'abandonne aujourd'hui à la même facilité; face à la déconstruction aisée, penser reste difficile.

Riez, d'autre part, de la contradiction toute logique entre cet interdit de définir et le pathétique, aussi couramment exprimé de nos jours, autour de la finitude. Il faut cependant choisir : si l'humain souffre de cette dernière, alors rien de plus aisé que de définir un vivant ainsi serré dans des bornes; sinon, sans ces frontières, le voilà infini. Si nous ne savons pas le définir, nous devons avouer ne trouver aucune fin devant lui; inversement, si nous pleurons sa finitude, nous devons en savoir et en donner une définition : oui, nous répétons le même mot.

Enfin l'humain change si souvent et tant qu'il excède toujours ce que l'on dit de lui. Chez l'habitant contemporain des métropoles, que reste-t-il du *sapiens* décrit par les paléoanthropologues ? Or, on voit mieux la direction d'un mouvement lorsqu'il s'infléchit : le sens apparaît au changement de sens. Or encore, ces cinquante dernières années advint une transformation si importante qu'elle échappa aux observateurs. Comment cet animal métamorphique se métamorphosa-t-il récemment ? À la différence de mes camarades, je ne parlerai ni en millions d'années ni en millénaires, mais d'abord d'un demi-siècle à peine, soit une minime fraction de seconde, selon l'échelle de tantôt.

Le temps humain d'hominescence

Pendant que triomphaient les sciences humaines, l'humain se transformait, en effet, au moins en ce coin d'Occident, sous la poussée d'éléments plus naturels que culturels.

La découverte de l'énergie atomique, c'est-à-dire diverses réponses à la question : « Qu'est-ce que la matière? » amenèrent la construction d'armes de destruction de masse telles que la terreur, proprement nôtre, de la mort se renouvela. Aux peurs individuelles, accompagnées parfois d'une angoisse culturelle, une inquiétude globale s'ajouta soudain, lorsque explosèrent les bombes thermonucléaires. Chacun de nous craint de mourir; bien des civilisations disparurent; l'Occident lui-même descend de cultures mortes; mais jamais l'humain n'entra en risque d'extinction sur une planète en danger, deux morts globales encourues par son génie et sa volonté. Rien dans l'hominisation n'équivaut à cette bifurcation tragique.

De même, diverses réponses à la question : « Qu'est-ce la vie? » amenèrent des améliorations telles dans les conditions d'hygiène et la guérison des maladies que notre corps se métamorphosa. Sa taille, son espérance de vie, son rapport à la douleur et sa santé se transformèrent et, aussitôt après, la procréation et la filiation elles-mêmes. Outre le rapport à la mort, changèrent l'existence et la naissance.

Ces variations ne touchèrent pas seulement le phénotype et parfois la famille de certains Occidentaux, mais aussi le paysage alentour. Car d'autres réponses à cette deuxième question amenèrent à un changement radical dans l'élevage et l'agriculture, donc dans le paysage et l'alimentation. *Hominescence* parle même, à ce sujet, d'une fin du néolithique. Ainsi, notre rapport au monde se transforma au moins autant que celui que nous entretenons avec notre corps. Et si, dès leurs débuts, pâturage et labourage tentèrent de maîtriser la sélection de plantes et d'animaux choisis, les biotechnologies cherchent aujourd'hui à maîtriser la mutation, ce qui réduit fantastiquement les échelles de temps découvertes par les réponses à la question : « Qu'est-ce que l'univers ? » qui amenèrent, en effet, à évaluer autrement ces durées respectives, pour l'inerte et le vivant. Le rapport aux autres changea tout autant. La communication et ses technologies ouvrirent d'autres voies dans l'espace et l'instant, amenant de nouveaux liens et une expansion inattendue des connaissances. Lorsque des millions de messagers deviennent sources d'information, la société devient pédagogique en son entier. Reste encore à écrire la nouvelle épistémologie de ce savoir multiplié.

Aucune de ces transformations : vie, douleur, mort, naissance, monde alentour, relations aux semblables… ne résulta de circonstances environnementales sur lesquelles nous n'aurions rien pu, comme dans l'évolution au sens classique du terme. Au contraire, elles vinrent de processus économiques, sociaux, en dernière instance cognitifs, de cet entendement et de cette volonté collectifs que nous appelons le savoir, de ses application techniques, de ses mises en œuvre collectives ; en somme, des sciences dites naturelles.

Le temps humain de dédifférenciation

Une partie de l'humanité a donc tant changé en un demi-siècle que cela conduit à penser l'humain au moins comme une capacité de métamorphoses rapides. *S'agit-il, à nouveau, d'une espèce qui entretient un rapport original avec le temps?*

Le corps de tous les vivants se transforme par les processus évolutifs connus : mutation et sélection, qui permettent une spécialisation telle que l'organisme ainsi produit exploite au mieux les ressources de telle niche locale de l'environnement. Le mot espèce répète le terme spécialisation.

À l'inverse, nos organes se déspécialisent. Par rapport au sabot des ruminants, à la pince du crabe, au tentacule de la pieuvre, la main, non spécialisée, finit par tout faire, tenir un marteau, conduire une charrue, jouer du violon, caresser, faire signe... Par rapport aux becs des oiseaux, à la gueule du requin, au museau du chien, la bouche, non spécialisée, finit par tout faire, mordre, certes, mais baiser, siffler, parler mille langues. Ainsi, nous pouvons quitter nos niches spéciales et nous ouvrir à l'espace global. Au lieu d'habiter une localité, l'humain, dédifférencié, indifférent même, osons le dire, hante le monde, y voyage et, du coup, débordant le présent immédiat, entre dans un temps différent. Lequel ?

Pratiques du temps

Naît-il avec la première pierre qu'il taille ? Certes revient aussitôt la même restriction : certains animaux, les pics, les bonobos, produisent d'authentiques outils. Mais, de nouveau, intervient le temps. Ne cessant jamais d'en fabriquer, nous ne les accumulons pas seulement, mais les entrecroisons ou les appareillons en un tissu mouvant qui induit une durée propre. Encore, laquelle ?

Qu'est-ce que la technique ? Si nous devions attendre que l'évolution nous munisse, par exemple, d'appendices assez pointus pour piquer ou d'un tranchant de la main assez fin pour tailler, nous devrions, selon les lois de la sélection et des mutations, compter, sans l'assurance d'y parvenir, des durées compatibles avec celle de l'espèce et l'élimination d'innombrables semblables démunis de tels avantages. Lorsque, en dehors de nos corps, nous appareillons des objets qui les possèdent, nous épargnons donc la mort, d'abord, qui, tragiquement, eût dû faucher d'immenses populations désadaptées ; plus l'immense durée, difficile à évaluer selon l'émergence au hasard des mutants et leur adaptation. Qu'est-ce que la technique ? Une économie formidable de la mort et du temps.

Annoncez donc la simplicité de ce calcul heureux aux précautionneux qui pleurent les accidents et redoutent les risques. Oui, en remontant, à vive allure, l'énorme lenteur du Grand Récit, le temps technicien rattrape, au moins virtuellement, les colossales durées que, sans cela, nous ne pourrions jamais compenser. Un outil condense un temps immense.

Pour dominer ainsi partie de notre environnement volubile, nous entrons, impatients, dans l'évolution, dans le processus de naissance, dans le temps même des vivants, nous l'économisons, nous le court-circuitons. Qu'est-ce qu'un outil ? Une projection du temps colossal du Grand Récit sur l'éclat infinitésimal de l'invention pratique et de l'usage avant usure ; il concentre ou replie des millions d'années sur des mois. À ce résultat singulier s'ajoutent les performances analogues de tel et tel autre, associé, appareillage qui augmente d'autant cette accélération. Et celle-ci devient verticale dès qu'apparaît le langage articulé qui, à son tour, permet la constitution de grands systèmes techniques. Parlez : combien de résédas et de roses épargnent le mot fleur ? Combien de pierres taillées programment le terme silex ? Combien d'actions, de choses et de gestes, désignent un verbe, un mot, une préposition ?

Combien de ronds se groupent en cercles ? Combien de temps vécu résume le temps énoncé ? Combien de milliards d'années venons-nous d'envisager depuis le début de ce texte ? Une page condense un temps immense.

La domestication procède du même geste. S'il avait fallu attendre que le téosinte devînt maïs ou le buffle bœuf... Un mouton condense un temps immense.

Depuis que nous inventâmes ces condensateurs, nous devînmes, d'autre part, les objets réactifs des changements que nos techniques externalisaient. Par un cercle auto-entretenu et dont la vitesse s'accélère, les outils que nous produisons à partir de nos corps dédifférenciés ou de leurs activités, que nous transformons sans cesse par cette sorte d'exodarwinisme, reviennent vers nous et nous transforment à leur tour, d'autant plus qu'ils occupent trois règnes : l'inerte, à l'échelle entropique, pierre taillée ou avion ; la conservation et la circulation des signes, à l'échelle informationnelle, parchemin ou

Toile; enfin celui du vivant, maïs ou clone.

Enfin, les divers supports de l'information, écriture, livres, Toile… contiennent des souvenirs récents, souvent sous la forme de mensonges. Les objets techniques, quant à eux, résument de façon foudroyante des millions d'années d'évolution. En comparaison des outils manuels, la culture, dite intellectuelle, devient donc un lieu d'oubli.

Autre exemple : pourquoi se vêtir ?

L'évolution met certes un temps énorme à parvenir contingentement au bec ou à la pince; mais une fois acquis, ces organes demeurent. Patiente l'évolution, aussi longue l'adaptation, mais, à supposer que le besoin de celle-ci disparaisse, interminable tout autant l'insupportable fixité. L'outil vaut alors un organe amovible. Pour s'adapter, rien ne vaut cette mobilité. Disposer d'un appareil consiste à le poser quand le besoin s'efface et à le reprendre à loisir, selon la nécessité.

Exemple : l'oppression thermique imposée par une fourrure permanente, ou variable selon les seules saisons, empêche de courir longtemps à la chasse ou de voyager sous les tropiques, en raison de la surchauffe ; enfoui au fond de sa crinière, ainsi dort le lion mâle, attendant que la machine refroidisse. Comment expliquer l'usage humain de se vêtir ? La motivation vint-elle de la neige, de la pudeur sexuelle, du désir de cacher faiblesses ou laideurs, du souci de propreté ? Qu'importe, au vu de la vicissitude tourbillonnante de ces causes mêmes et d'autres encore : le climat varie, la pluie se fait rare ou abondante, les relations fluctuent, les conduites et les modes changent. Plutôt donc que de chercher une cause, mieux vaut considérer les variations dans un éventail de contraintes multiples. En fait, on s'habille pour pouvoir se déshabiller vite, puis se rhabiller aussi rapidement, bref en découvrant l'étrange avantage du dépouillement ; l'écorché peut changer de peau. En toutes circonstances, la souplesse mobile et diverse de cette adaptabilité l'emporte sur une solution unique et raide. *La cause devient l'amovibilité.*

Je souligne avec force le raisonnement précédent. Pour expliquer, nous cherchons d'abord, à un effet, quelque cause : par exemple, le vêtement naît du froid. Ensuite, nous la faisons varier ; alors, une fonction se dessine selon ce que nous appelons la variable : selon les saisons, fourrure épaisse ou rase. Mais, dans un troisième temps, je considère la variation comme telle, quelle que soit la cause ou la chose qui varie : *le temps de cette variation devient la cause elle-même.* La variation requiert l'amovibilité. Alors, comme celle de l'habit, l'essence de la technique se résume dans ce jeu, au double sens du ludique et d'une légère distance entre éléments utiles, qui permet que l'on adopte habits, armes et outils, pour un temps bref, qu'on les pose, qu'on les dépose, bref, que l'on en dispose. Ce jeu signifie donc « à disposition ». La disponibilité devient l'essence même de l'usage. *Donc la technique condense et manie aussi bien du temps court que du temps long.* Qu'est-ce que l'usage technicien ? Une disponibilité. Qu'est-ce que le langage ? Une prédisponibilité. Technique logicielle, il laisse, de même, mille jeux entre signe et sens. Ainsi pouvons-nous répondre à un environnement partout et toujours rapidement variable. À expérimenter la vive volubilité de toutes choses, l'humain naquit de s'adapter aux variations plus qu'aux choses, au temps plus qu'à l'espace, au temps *pour* s'adapter aux choses du monde spatial. Comment répondre quand toutes choses fluctuent ? En remplissant un sac de moyens disparates qui peuvent servir, à toute éventualité. En termes darwiniens, ce sac se nomme gestes du corps, danses et records, tours de main artisanaux… mieux encore, le cerveau ; exprimant ce stock de moyens disparates, son électroencéphalogramme, capricieux comme les variations du temps, tremble comme chaotiquement ; de manière exodarwinienne, cela se nomme technique, innombrable fouillis d'outils de tous ordres, dormants, prêts à servir. En lui et hors de lui, l'humain construit et dispose donc d'un trésor énorme, croissant par connexions, de réponses à d'éventuelles variations, aux contingents caprices du temps. Ces contingences deviennent les causes chroniques.

Cela reste vrai partout. Qui suis-je, sinon un tremblant invariant par les mille variations qui firent de moi un enfant, un adulte et un vieillard chenu, adaptation plus ou moins clignotante à ces changements ? Qu'est-ce que l'humanité, sinon le taux variable de renouvellement par les naissances et les morts ? Ici, l'action technique projette des millions d'années sur quelques-unes. Paradoxe : *le temps devient la raison constante.* Qu'est-ce que l'humain, sinon un vivant dont le devenir plongea dans le devenir, large et court, au moins assez pour en user, sinon le maîtriser ?

Maîtrise

La philosophie moderne commença, dit-on, par le précepte de Bacon : « Commander à la nature en lui obéissant. » Jusqu'à une période récente, cette nature se limitait aux choses inertes locales et aux lois de la physique. Mais le terme nature, je l'ai dit en commençant, veut aussi dire « naître ». Il y a longtemps qu'éleveurs et cultivateurs, nous commandons à quelques vivants et les faisons naître ; entrés, depuis récemment, dans les processus détaillés de la reproduction, nous commençons à faire naître des espèces et à nous faire naître nous-mêmes dans un environnement global que nous suscitons, lui aussi : la nature prend alors un troisième sens, plus global, météorologique et mondial. Dans le vieux précepte, entre alors la nature au sens de la naissance des vivants et au sens de la totalité. Nous commandons à la naissance en obéissant à ses variations, *en disposant de son temps.*

En projetant ainsi une durée gigantesquement longue sur notre existence brévissime, par les techniques, d'abord, le langage ensuite, et enfin, aujourd'hui, par sélection, mutation et environnement projetés, nous maîtrisons de manière croissante et rationnelle les éléments principaux d'une évolution contingente qui, depuis des milliards d'années, se faisait sans nous. *Qu'est-ce que l'humain ? Ce formidable court-circuit temporel.* Au moins, la capacité de le réaliser. Quelle sottise de prétendre que nous ne pouvons rien au temps.

Mieux encore, qu'est-ce qu'un fleuve, un nuage, une roche, une montagne, la mer, une étoile, qu'est-ce, enfin, qu'une chose naturelle, qu'est-ce qu'un corps vivant, dont le nôtre ? Une boîte, un puits, une banque de temps, disons le mot : une mémoire. Les sciences contemporaines ont même appris à les dater presque tous, couche par couche, détail après détail. Avant ces exploits, je viens de le dire, nous avions appris, au moins aveuglément, à imiter la nature de ce même point de vue temporel ; nous savions donc, en quelque manière, plier, cacher, conserver, dépenser, envelopper ou développer du temps dans un objet, outil pratique ou intellectuel, marteau ou page, et dans un vivant à reproduire, taureau ou brebis, en faire aussi une mémoire. En nous ouvrant la mutation, les biotechnologies suivent cette tradition ancienne par des procédés d'une nouveauté fulgurante. Nous savons manipuler ce temps autrefois capricieux. Entrant dans la mémoire de leur espèce, nous faisons naître des vivants. Condenser le temps colossal du Grand Récit dans la brièveté de l'innovation technicienne revient donc, ici, à *projeter une mémoire sur une naissance.* Nous mettons la main sur la durée du monde et le temps de l'évolution, sur la spéciation… sur l'hominisation ? Oui, du coup et comme en retour, nous nous faisons naître nous-mêmes. Entrant dans notre mémoire longue, nous pénétrons notre nature et nous en faisons naître une culture. *Qu'est-ce donc que l'humain ? Un vivant en voie d'auto-évolution.*

En un siècle, la durée de Bergson descend de la métaphysique à la pratique et de l'évolution créatrice au créateur d'évolution. Celle-ci passait pour une donnée fatale, en tout cas pour un destin ; la voilà entre nos mains. Rationnelle de surcroît. *Sapiens sapiens* porte sans doute moins de raison que l'évolution au hasard qu'il finit par forcer de manière programmée. Rien de plus nouveau, en vérité ; mais aussi rien de plus communément humain, tant nous avons coutume de faire se rencontrer nos idées les plus abstraites avec l'établi ou la paillasse ou les abstraire de nos manipulations ; rien de plus ancien, puisqu'en accomplissant ce geste même, sur la première pierre, nous devînmes des humains. *Qu'est-ce que l'histoire humaine ? La maîtrise relative d'un résumé d'évolution.*

Les stoïciens de l'Antiquité distinguaient entre les choses qui dépendent de nous et celles qui n'en dépendent point. Nous avons appris, par après, à nous rendre maîtres et possesseurs de la nature, selon le précepte de Descartes, donc à faire croître les choses qui dépendent de nous et décroître celles qui n'en dépendent point. Parvenus au maximum de cette efficacité, nous nous apercevons, dans un troisième temps, que nous dépendons enfin des choses qui dépendent de nous. Nous dépendons désormais d'une durée qui, de plus en plus, dépend de nous. Voilà repris le cycle autoproductif de tantôt, mais dans la pure temporalité.

Aujourd'hui comme hier, nous naissons de faire naître. Voilà pourquoi j'ai parlé en commençant d'une culture reconnectée à la nature. Nous nous posons donc des questions globales, concernant notre influence sur un environnement qui mit des millions d'années à se constituer, au moment même où nos biotechnologies cherchant à maîtriser la mutation qui, laissée à elle-même, prend un temps imprévisible, font naître des vivants qui nous étonnent. Voilà pourquoi je dis humain le seul vivant courant vers l'auto-évolution, parce qu'il découvre, peu à peu, de nouvelles emprises sur la naissance et la nature, en somme sur le temps. Ce que, de Kant à Sartre, nous nommions autonomie personnelle ou création de soi par soi passe de la morale au destin et de l'individu au monde et à l'humanité.

Le temps

Pour éclairer cette auto-évolution, je reviens sur le temps et reprends : si nous attendions que l'évolution, celle que nous connaissons sans la maîtriser, parvienne à nous doter d'un organe qui réponde à tel ou tel besoin, nous patienterions pendant des durées colossales et parmi des millions de morts par désadaptation. Dès que nous nous adonnons à des actions techniques, nous manipulons du temps sans nous en douter. Fabriquer une pierre qui taille demande quelques minutes, à la place de ces millions d'années. Ainsi s'évaluent les objets techniques : temporellement. L'activité technicienne rabat une durée colossale, sans finalité, sur la durée brève de l'intention inventive, suivie de la mise au point.

Le même raisonnement s'applique à l'agriculture et à l'élevage qui marqua, au néolithique, un moment décisif de l'hominisation. Lorsque nous labourons ou protégeons des bêtes dans des fermes, nous les extrayons des dangers mortels du milieu naturel. D'une certaine manière, nous les enlevons à l'évolution. Au lieu d'attendre qu'elle nous offre la multiplicité des chevaux de course ou de labour, des vaches adaptées à tant de climats, l'immense variété des chiens d'appartement… mieux vaut les sélectionner nous-mêmes. De nouveau, nous plions un temps interminable sur nos foudroyantes décisions.

De la pierre taillée à l'invention de l'écriture et de l'agriculture, de l'élevage à la révolution industrielle, de l'informatique aux biotechnologies, l'hominisation accomplit le même geste, certes en le raffinant et le multipliant, mais invariant par ces variations. Si, comme tout autre vivant, nous eussions attendu que des ailes nous poussassent, incertainement... d'Icare à la caravelle, autant devenir avionneurs. *Homo faber* résume en tours de main ce que ladite nature met une patience multimillionnaire à faire émerger sans le vouloir. Il enveloppe dans des instants menus des durées colossales. Ce pliage entassé crée des creux noirs où s'oublie la longue durée que l'action présente économise. Quand nous traversons le Pacifique à onze mille mètres d'altitude, qu'avons-nous à faire de nous souvenir que des centaines de millions d'années eussent pu nous donner des ailes ? Virtuelle, cette mémoire ne nous concerne plus. L'histoire devient ce puits d'oubli.

L'histoire

Quoi de neuf, dès lors, dans les biotechnologies qui inquiètent les prophètes de malheur ? Elles reprennent le même pli, le même rabattement accompagné du même oubli, quoiqu'en des lieux différents. Je viens de le dire, nous économisions le temps de la sélection, elles annulent la durée des mutations. Ces opérations se faisaient, sans finalité, dans le hasard et la nécessité ; nous y substituons nos projets plus ou moins rationnels.

Depuis que nous connaissons la longueur du Grand Récit, depuis que nous savons en dater les éléments : milieu intérieur, hémoglobine... nous évaluons, pour la première fois, comme en retour, la portée temporelle de nos actions techniciennes. Nous ne savions pas le faire voici à peine un demi-siècle. Nous croyions que les techniques nous donnaient de la puissance sur les choses de l'espace ; cela reste vrai, mais devient un jugement superficiel devant le miracle immensément improbable qu'elles réalisent dans le temps, bifurcation qui pilote l'hominisation toujours en cours aujourd'hui.

Tout vivant a pouvoir sur les choses d'espace ; habite une niche, y synthétise la chlorophylle, y agite ses brindilles dans la brise, chasse des proies au galop, vole dans les nuages pour regagner des plages brûlantes... mais reste assujetti au temps, présent, immédiat, reproductif, évolutif, interminable. Dès que l'hominien taille un silex, il manipule du temps. Je vois en cet objet une sorte de loupe qui résume et réduit en sa brièveté des durées gigantesques et en son usage d'innombrables et foudroyantes adaptations. *Qu'est-ce que l'histoire ? L'évolution vue et réduite à travers la loupe technique, retournée même par elle et par elle métamorphosée.*

Philosophie

Bergson et Heidegger distinguaient le temps et l'espace de telle façon que les techniques, assujetties au second, n'aient aucun rapport au premier ; l'étendue descend dans la pratique, méprisée, le phénomène, vague, et la géométrie, dite raidie, alors que la durée, métaphysique chez l'un, monte en ontologie chez l'autre. Quoique de façon moins auguste, mais plus concrète et vitale, je comprends cette dissymétrie et ce privilège qui explique bien des choses et nous en particulier. Dès sa naissance, l'hominien exploite en apparence l'espace *parce qu'il* renverse, retourne et ploie, de manière plus profonde, plus aveugle et plus efficace, le temps. Mieux, il se rend maître des choses plongées dans l'environnement, parce qu'il parvient à ce repliement. J'aime que le verbe exploiter déploie le verbe plier. Nous sommes devenus les hommes que nous sommes en dominant ce rabattement : nous émergeâmes de cet acte.

Qu'est-ce que l'humain ? Un certain pouvoir de manipuler la durée. Une puissance de rabattre, à longueurs incomparables, le temps sur lui-même. Une autorité acquise sur la formation de l'inerte, l'évolution des vivants, sur la circulation des signes, enfin sur son temps proprement hominien, onto et phylogénétique.
Que cet ancien destin de nos pratiques, nouvellement réapparu et présent à notre vision

du monde et de l'homme, nous angoisse ou nous exalte, qu'il pose des questions de conduite ou nous place face à des responsabilités inattendues dont l'ampleur fait branler habitudes et cultures, morales et religions, politiques et philosophies timides, sciences humaines enfin, qui peut le nier ? Nous le fîmes advenir, affrontons-le. Mieux, nous nous faisons advenir, affrontons notre propre variation. *Homo causa sui.*

Malgré notre arrogance formelle, nous ne cessons d'apprendre cette vieille évidence que nous ne pouvons séparer, en nous comme autour de nous, le naturel du culturel. Une culture naît aujourd'hui de découvrir les secrets de toute naissance ; elle renaît de cette nature.

Ancienne et nouvelle, stable et fluctuante, cette symbiose entre notre histoire, la durée de l'évolution et le temps de l'univers fonde ce que j'appelle, en termes de droit, le Contrat naturel.

ANNEXE

A la recherche d'une définition de l'homme

En prolongement du texte de Pascal Picq

Linné est le premier à classer l'homme parmi les primates, juste à côté des singes, dans la dixième édition de la *Systema Naturae* de 1758. Il lui donne son nom officiel : *Homo sapiens.*

Ce terme, qui signifie « l'homme sage », s'appuie sur une caractéristique comportementale et psychique de l'homme comparé au reste du monde animal. On retrouve une tradition séculaire qui reprend l'animal politique d'Aristote ou la distinction cartésienne entre l'animal-machine et l'homme qui pense.

Avec l'essor des sciences naturelles, les naturalistes mettent l'accent sur des adaptations physiques particulières, comme le gros cerveau et la bipédie. Mais les comportements considérés comme exclusivement humains ne sont jamais abandonnés. C'est ainsi que, jusqu'au milieu de ce siècle, des définitions de l'homme le décrivent comme un « animal » muni d'un gros cerveau, exclusivement bipède, dont l'adaptation repose sur l'outil et la culture, et doué de langage. De telles définitions, bien trop imprécises, reposent sur des évidences qui méritent d'être reconsidérées. Ce sera le cas pour les caractères comportementaux depuis les études réalisées chez les grands singes mais aussi, et surtout, en ce qui concerne les caractères squelettiques avec l'accumulation grandissantes des découvertes d'hominidés fossiles.

La première définition proposée en ce sens est due à Wilfrid Le Gros Clark, l'un des premiers paléoanthropologues à donner aux australopithèques toute l'importance qu'ils méritent dans le cadre de l'évolution humaine. Cette définition apparaît dans un livre intitulé *The Fossil Evidence for Human Evolution* (*Les Fossiles, preuves de l'évolution humaine*), publié en 1947 et remanié en 1964. L'homme ou le genre *Homo* se distingue comme suit : un volume cérébral moyen de 1100 cm^3, mais variant de 700 à 2 000 cm^3; des reliefs osseux au-dessus des orbites souvent développés, mais très variables d'une espèce à l'autre puisque robustes chez *Homo erectus* mais presque effacés chez l'homme moderne; la face est en retrait (orthognathe) ou peu avancée (prognathe); l'articulation du crâne (trou occipital ou *foramen magnum*) sur la colonne vertébrale (atlas) se situe au centre du crâne; les lignes temporales qui délimitent l'aire d'origine des muscles temporaux de part et d'autre de la boîte crânienne courent à différentes hauteurs mais ne se rejoignent jamais pour former une crête ou cimier; le menton peut être présent ou absent suivant les espèces; les arcades dentaires s'ouvrent au niveau des dents antérieures et ont une forme parabolique régulière qui s'écarte vers l'arrière ; les dents antérieures ont une taille harmonieuse comparée aux dents postérieures ; les prémolaires ont tendance à ne conserver que deux reliefs (cuspides) sur leurs couronnes ; la troisième molaire devient plus petite ; la canine est petite, s'use par la pointe et ne dépasse pas les autres dents ; il n'y a pas d'espace (diastème) entre les dents ; le squelette locomoteur est adapté à la station et à la marche bipèdes à l'exclusion d'autre mode de locomotion.

Cette définition mélange à la fois des caractères précis, comme pour les dents, d'autres très variables, comme pour le volume cérébral ou la morphologie de la région au-dessus des orbites, et parfois des tendances évolutives qui ne s'expriment franchement que chez les hommes les plus récents. Elle se fonde sur ce que l'on connaît des caractères du genre *Homo* chez des formes plus tardives pour tenter d'en retrouver les premières manifestations.

Les difficultés se trouvent autour des origines et, bien évidemment, non pas chez des formes déjà diversifiées. Le problème est donc de donner une définition avec des caractères susceptibles de distinguer les premiers hommes des australopithèques. C'est ce que firent Louis Leakey, Philip Tobias et John Napier, les inventeurs d'*Homo habilis*, en 1964. *Homo habilis*, et donc le genre *Homo*, se distingue des australopithèques par les caractères suivants : une mandibule et des arcades dentaires plus petites ; un volume cérébral plus grand, supérieur à 600 cm^3 ; des reliefs osseux sur le crâne, dus à la taille des muscles, moins marqués. Le profil de la boîte crânienne est plus arrondi, notamment au niveau de l'os pariétal ; les incisives sont plus grandes ; la taille des molaires est comparable, mais avec une tendance à la réduction de la dernière ; les canines restent relativement importantes ; les prémolaires sont plus étroites ainsi que les molaires ; tous ces caractères indiquent l'amorce de deux tendances évolutives qui affectent la morphologie du crâne, le développement du cerveau et la réduction de l'appareil masticateur et de la face ; pour le squelette locomoteur, les auteurs insistent sur une bipédie comparable à la nôtre.

Actuellement, les caractères qui permettent de distinguer les premiers hommes des australopithèques sont essentiellement crâniens. La liste qui suit est due à Bernard Wood, lequel admet la coexistence d'*Homo habilis* et d'*Homo rudolfensis.* Les plus anciens fossiles du genre *Homo* se distinguent par des os de la voûte crânienne plus épais ; un moindre rétrécissement du crâne derrière les orbites en vue supérieure (constriction post-orbitaire) ; une élévation du profil de la boîte crânienne en vue de profil avec une contribution plus marquée des parties pariétales et occipitales ; une réduction du prognathisme de la partie inférieure de la face (région maxillaire et nasale) ; des molaires plus étroites ; des arcades dentaires moins longues et plus larges. Voilà le genre humain suspendu à quelques fragments d'os. Après tout, pourquoi pas? Hélas, les mêmes auteurs n'hésitent pas à revoir leur propre copie. Les « premiers hommes » - *Homo habilis* et *Homo rudolfensis* – se voient expulsés incontinent du genre *Homo*. Son premier représentant au sens strict est *Homo ergaster*, un homme incontestable en raison de sa bipédie très dérivée, de la taille de son cerveau, de la réduction de la taille de ses molaires et de la régression de sa face. D'un point de vue adaptatif, il est le premier hominidé dont la survie ne dépende plus du monde des arbres et c'est un vrai prédateur. Culturellement, il invente de nouveaux outils en pierre taillée, construit des habitats et apprivoise le feu. Mais tout cela semble trop humain pour être aussi simple. Des fossiles découverts récemment à Dmanisi en Géorgie, donc hors d'Afrique, semblent intermédiaires entres les *Homo habilis* contestés et les *Homo ergaster* incontestables. Si l'homme des origines n'est pas une énigme, sa définition demeure bien difficile.

Pour un historique de la définition du

genre *Homo*, *cf.* Pascal Picq « *À* la recherche des premiers hommes », *in* Yves Coppens et Pascal Picq, *Aux origines de l'humanité*, vol. 1., p. 270-271.

Bibliographie

Pascal Boyer, *Et l'homme créa les dieux*, Robert Laffont, 2001.

Yves Coppens et Pascal Picq (dir.), *Aux origines de l'humanité; De l'apparition de la vie à l'homme moderne* (vol. 1); *Le Propre de l'homme* (vol. 2), Fayard, 2001.

Pascal Picq et Laurent Lemire, *À la recherche de l'homme*, Nil éditions, 2002.

Pascal Picq, *Le singe est-il le frère de l'homme?* Le Pommier, coll. « Les petites pommes du savoir », 2002.

Clément Rosset, *Lettre sur les chimpanzés*, Gallimard, 1965.

Michel Serres, *Hominescence*, Le Pommier, 2001

Michel Serres, *L'Incandescent*, Le Pommier, 2003

Peter Sloterdijk, *Règles pour le parc humain*, Mille et Une Nuits, 2000.

Ian Tattersall, *Petit Traité de l'évolution*, Fayard, 2002.

Jean-Didier Vincent, *Biologie des passions*, Odile Jacob, 1999.

Jean-Didier Vincent et Luc Ferry, *Qu'est-ce que l'Homme ?* Odile Jacob, 2001.

Table des matières

Le collège de la cité : présentation

L'aventure de la science s'accélère. Les retombées de la recherche transforment notre monde et nos vies. Mais l'ancienne confiance a cédé la place à un mélange d'espérance et d'inquiétude, de doutes, d'attentes et de questions.

Construire, pour nos sociétés, les outils d'une culture scientifique partagée, ne pas se résigner à ce que se creuse une fracture entre le savant et le citoyen, c'est travailler à l'exercice d'une responsabilité collective. C'est aussi partager les plaisirs de la découverte, de l'exploration, de l'invention, au plus près de la science en train de se faire.

Telles sont les ambitions du Collège de la Cité des sciences et de l'industrie : espace public de transmission et de débat, lieu de rencontre avec les chercheurs de toutes disciplines, ce programme de cours, séminaires, conférences et colloques est ouvert à tous ceux qui veulent être parties prenantes de cette passionnante aventure.

La collection « le collège de la cité » s'inspire de ce programme et propose, chaque année, une quinzaine d'ouvrages originaux, sous la plume des meilleurs spécialistes. Ceux-ci nous exposent, dans une forme à la fois simple, claire et rigoureuse, ce qu'ils savent… et ce qu'ils ignorent.

Coéditée par les éditions Le Pommier et la Cité des sciences et de l'industrie, cette collection s'adresse à tous ceux qui souhaitent poursuivre cette exploration de la science en marche.

Titres à paraître

Les biotechnologies et notre santé
Pierre Tambourin
Pourquoi notre mémoire est-elle si fragile?
Francis Eustache

Qu'est-ce que mourir?
Sous la direction de Jean-Claude Ameisen, Danièle Hervieu-Léger et Emmanuel Hirch

Le Vivant, de la classification à l'évolution
Hervé Le Guyader

Les origines de l'homme et l'histoire des peuplements
André Langaney

Et quand la matière devint vivante
André Brack

Les grandes extinctions et les grandes émergences
Jean-Jacques Jaeger

Procréation, sexualité, filiation
Sous la direction de Pierre Jouannet et Véronique Nahoum-Grappe

Achevé d'imprimer sur rotative
par l'Imprimerie Darantiere
à Dijon-Quetigny en
avril 2003

N° d'impression : 23-0537
N° éditeur : 0121-01/1
Dépôt légal : mai 2003

Imprimé en France

Früher sächsisches Manchester Heute Kulturhauptstadt Europas

Eine Stadt – das sind nicht nur die Wohnhäuser und Bürogebäude, Geschäfte und Fabriken, Straßen, Brücken und Plätze, aus denen sie sich zusammensetzt. Eine Stadt – das sind nicht zuletzt auch die Bilder, die von ihr gemalt und gezeichnet wurden. Rom wäre keine ewige Stadt, hätten nicht Künstler jahrhundertelang Stadtansichten in alle Welt geschickt. Paris wäre ohne die impressionistischen Gemälde nie die Welthauptstadt des 19. Jahrhunderts geworden. New York hätte es ohne die frühen Meisterwerke der Fotografie nicht geschafft, das Paris des 20. Jahrhunderts zu werden. Und hätte man Dresden nach dem Zweiten Weltkrieg und nach der Wiedervereinigung so schön wiederaufgebaut, wenn es die Veduten von Canaletto nicht gegeben hätte? Und Chemnitz, das sächsische Manchester?

Chemnitz ist nicht zuletzt die Stadt des Expressionismus. Wichtige Vertreter der Künstlergruppe »Die Brücke« sind hier aufgewachsen und haben hier gearbeitet – wie Karl Schmidt-Rottluff oder Erich Heckel. Das eindrucksvollste Stadtbild aber hat ihr Weggefährte Ernst Ludwig Kirchner (1880–1938) geschaffen. Es trägt den Titel »Chemnitzer Fabriken«, doch zeigt es nicht nur Industriebauten, sondern auch deren städtische Umgebung. Gemalt hat er es 1926. Es wirft einen weiten und breiten Blick über eine vielgestaltige Stadtlandschaft – vom Kaßberg aus, einem bürgerlichen Viertel, in dem Kirchner wohnte. Im Zentrum der Aufmerksamkeit stehen zwei bedeutende Firmen mit ihren Anlagen: die Sächsische Maschinenfabrik Richard Hartmann und Germania, vormals J.S. Schwalbe & Sohn. Das dunkel leuchtende Rot, im Kontrast dazu die schwarzen Fenster, die steil aufragenden Schornsteine bannen den Blick und finden ein Echo in anderen Schornsteinen – es sind insgesamt zehn, Industriebauten und Wohnkasernen. Die wenigen Bäume links und rechts wirken dagegen kahl und kränklich. Das liegt nicht nur am Winter, sondern auch an der Luftverschmutzung, die der weiße und gelbgrüne Rauch verursacht. »Ruß-Chemnitz« war damals ein geläufiger Spitzname der Stadt. Aber Chemnitz war nicht nur Industriearbeit. Hinter den Fabriken sind in der Mitte die Kuppel der Markthalle zu sehen, ebenso wie die Türme des alten Rathauses. Kirchtürme, Zeugen der vorindustriellen Stadtkultur, sind auch zu erkennen, aber weit in den Hintergrund gerückt.

Kirchner hat ein eindrucksvolles, prägendes Chemnitz-Bild geschaffen. Aber es ist nicht das einzige. Wer vom Kaßberg herabsteigt und durch die Stadt geht, wird viele weitere Bilder sehen können. Denn Chemnitz ist voll von Bauten, die selbst so etwas wie Bilder im Stadtraum sind: alte und neue Kirchen mit markantem Äußeren und reicher Ausstattung im Inneren, säkulare Architekturen einer Klassischen Moderne, über deren Gestaltungsmut man immer noch staunt. Dieses Buch möchte eine Auswahl der wichtigsten und schönsten dieser Bauten vorstellen und Lust darauf machen, sie selbst zu besuchen.

Was auf Kirchners Gemälde offensichtlich fehlt, sind die Menschen von Chemnitz. Dazu hätte er näher herangehen müssen. So lässt er die Frage offen, wer hier gelebt, gearbeitet, geliebt und gelitten hat. Um davon einen Eindruck zu vermitteln, wendet sich dieses Buch einer anderen künstlerischen Gattung zu. Denn Chemnitz ist nicht nur eine Stadt der bildenden Kunst, sondern auch der Literatur. Wer sich den Menschengeschichten dieser Stadt annähern möchte, dem bieten sich Romane und Erzählungen an. Doch Vorsicht, Literatur ist immer Spiel, Erfindung, Traum – ja, Täuschung. Aber gibt es nicht doch so etwas wie eine erzählerische Wahrhaftigkeit? Wenn ja, dann könnten literarische Werke eine Orientierung über die Geschichte und Gegenwart eines Ortes geben, wie sie touristischen,

Brückenstraße, Lew Kerbel (1917–2003): »Karl-Marx-Monument« (1971), sächsisch »Nischl« genannt, als Bezeichnung für Kopf; Joachim Jastram (1928–2011): »Lob des Lernens« (1972) nach Bertolt Brecht (1898–1956)

Chemnitz, Stadt der Moderne: Omnibusbahnhof (1966–68) mit an Pfeilern aufgehängtem Dach; »Hotel an der Oper« (1958–62), ursprünglich Interhotel »Moskau«, an der Straße der Nationen

historischen oder soziologischen Stadtführern unmöglich wäre. Chemnitz – und das gehört wesentlich zu seiner Geschichte zwischen Demokratie und Diktatur – besitzt ein literarisches Erbe, das sowohl Beispiele von Wahrhaftigkeit wie von Unwahrhaftigkeit umfasst. Wer es erkundet, erhält darin einen facettenreichen Eindruck von den Widersprüchen, Spannungen und Bewegungen dieser Stadt und seiner wechselreichen Geschichte in Kaiserreich, Republik, nationalsozialistischer und sozialistischer Diktatur in der DDR sowie im wiedervereinigten Deutschland.

Noch etwas fehlt naturgemäß auf Kirchners Stadtansicht: das Umland. Chemnitz aber war und ist kein Solitär, sondern Teil der reichen Natur-, Industrie- und Kulturlandschaft des Erzgebirges. Deshalb unternimmt dieses Buch Ausflüge in die Nachbarschaft. Es ist zum Staunen: In all den kleineren Städten rund um Chemnitz finden sich ebenfalls faszinierende Baudenkmäler, und in vielen davon wurde eine Schriftstellerin oder ein Schriftsteller geboren – das Erzgebirge ist eben auch eine literarische Landschaft von überraschender Vielfalt. Gründungsfiguren der deutschen Literatur kommen von hier, aber auch überaus populäre Volksautoren, hochbegabte Außenseiter und bitter Verfolgte. Die wenigsten von ihnen sind in ihrer Heimatregion geblieben. Die Armut trieb sie fort oder sie wurden von den Machthabern vertrieben. Manche lebten und starben in Ferne. Einige wenige sind zurückgekehrt, zu regelmäßigen Besuchen oder auch, um auf einem Friedhof eine letzte Ruhe zu finden. Wo immer aber ihre Lebensläufe sie hinführten, blieben sie geprägt vom Erzgebirge, seiner Landschaft und Geschichte, seinen Menschen.

Wer Kirchners »Chemnitzer Fabriken« betrachtet, sich die Menschen und das Umland hinzudenkt, sollte noch etwas Weiteres im Blick haben. Chemnitz war eine Metropole von europäischer Bedeutung. Vielfältig waren die wirtschaftlichen und technologischen Verbindungen in andere Länder, intensiv der kulturelle Austausch über die Grenzen von Region und Nation hinaus. Es ist eine wunderbare Chance, diese europäischen Bezüge nach Osten, Westen, Süden und Norden mit neuem Leben zu erfüllen. Im Jahr 2025 ist Chemnitz Kulturhauptstadt Europas. Eine europäische Kulturstadt aber ist Chemnitz immer schon gewesen. Auch das bezeugt Kirchners Gemälde.

Spannend sind neben der Chemnitzer Geschichte und ihren Geschichten entlang von Malerei und Literatur auch ganz andere Pfade – vorbei an den Kirchen und Kulturhäusern, den Museen und Parks – auf der »Route der Industriekultur«, die auch eine Route der Baukultur ist. Diese hat der »Industrieverein Sachsen 1828 e. V.« konzipiert, der erst 2000 gegründet wurde, sich aber an dem sehr erfolgreichen »Industrieverein für das Königreich Sachsen« von 1828 orientiert. Dieser beschleunigte damals maßgeblich den dringend notwendigen Eisenbahnanschluss von Chemnitz und setzte sich aktiv für die Gründung der Königlichen Gewerbeschule ein, aus der die heutige Technische Universität Chemnitz erwuchs. Der Verein hat seine »Route der Industriekultur« sogar auf zwei Routen angelegt – einer überschaubar innerstädtischen und einer größeren, die angrenzende Stadtteile miteinbezieht.

Die kleine Route stellt acht besondere Orte vor: ausgehend vom Umspannwerk Getreidemarkt (heute Jugendherberge am Getreidemarkt) führt der Weg über die Villa Zimmermann (Carolastraße) und die Alte Aktienspinnerei (Straße der Nationen) zur Neumühle (Georgstraße) und von dort über die Färberei Haase Fabrik (Rochlitzer Straße) und die Strumpfwirkerei Janssen Fabrik (Schlossstraße) zum Verwaltungsgebäude der Sächsischen Maschinenfabrik Richard Hartmann (Hartmannstraße) und endet schließlich bei der Villa Schwalbe (Fabrikstraße).

Die große Route verdoppelt die vorgestellte Ortsauswahl auf 16. Sie startet eindrucksvoll am Sächsischen Industriemuseum Chemnitz (Zwickauer Straße) und führt von dort über den Hans-Poelzig-Bau (ursprünglich Textilfabrik Sigmund Goeritz AG, Zwickauer Straße) und die älteste Chemnitzer Fabrik, die Strumpffabrik Moritz Samuel Esche (Am Walkgraben) zu den imposanten Stern-Garagen mit dem Museum für sächsische Fahrzeuge (Zwickauer Straße). Anschließend folgt sie dem zweiten Teil der kleinen Route rückwärts: von der Villa Schwalbe über die Sächsische Maschinenfabrik Richard Hartmann, die Janssen Fabrik und die Haase Fabrik zur Neumühle. Von dort nimmt sie einen Umweg zum Areal der Spinnereimaschinen-Schönherr Fabrik (Schönherrstraße), ehe sie wieder auf die kleine Route zurückfindet und deren ersten Teil in den Blick nimmt: die Alte Aktienspinnerei, die Villa Zimmermann und das Umspannwerk Getreidemarkt. Von dort aus stehen noch einmal sehr besondere Bauten auf dem erweiterten Programm dieser Route: das Areal des Wirkbaus Chemnitz (Annaberger Straße),[S.30] der Eisenbahnviadukt (Beckerbrücke), die Villa Esche (Parkstraße)[S.30] und schließlich die Villa Kohorn (Parkstraße).

Beide Routen bieten ein breites Spektrum Industrie- und Baugeschichte der Stadt und machen einmal mehr deutlich, wo der Spitzname »sächsisches Manchester« seinen Ursprung hat. Die »Chemnitz-Entdecker« haben hierzu übrigens viel in den Geschichtsbüchern der Stadt geblättert und allerlei Wissenswertes herausgefunden.

Die Wege aus der Stadt in ihr Umland lassen sich auf sehr verschiedenen Pfaden gehen. Einer davon ist der Kunst- und Skulpturenweg »purple path« – der violette Weg. Ob wandernd oder mit dem Rad, ob mit dem Auto, per Bus und Bahn – er verbindet Chemnitz mit über dreißig Dörfern und Städten der Region, die hier seit Jahrhunderten nahe beieinander liegen und etwa 440.000 Menschen ein Zuhause geben. Der Ursprung dieses Weges, der im Kontext von Chemnitz als Kulturhauptstadt seinen Anfang genommen hat, ist die hier tief verankerte Einsicht »Alles kommt vom Berg her« und die ganzheitliche Erfahrung, wie wichtig das »Mit den Händen denken« ist. Dieser aus geronnener Geschichte und täglich erlebter Wirklichkeit sich entwickelnde Weg aus Skulpturen und Interventionen internationaler und lokaler Künstlerinnen und Künstler schlängelt sich durch das Land und seine Geschichte des Bergbaus und der Industrialisierung. Er orientiert sich an der Landschaft, nicht an der Nation. Er spiegelt eine Region, ihre Alltäglichkeit und ihre schöpferische Eigenheit, mit der sie ihre Lebendigkeit offenbart. Besonders ist seine immerwährende Zugänglichkeit – es ist eine Ausstellung im öffentlichen Raum, die keine Öffnungszeiten hat und braucht. So bietet sie immer und allen die Möglichkeit des Besuchs, der Reflexion, der Ein- und Aussichten. Wo sich früher das Leben im Verborgenen unter Tage abspielte – in beinahe 850 Jahren mit dem Abbau von Silber, Zinn, Kobalt, Eisen, Kaolin (Porzellanerde) und schließlich Uran –, wechseln der Ort des Erlebens und seine räumliche Weite an die Oberfläche, verbindet sich über den gemeinsamen Weg eine gemeinsame Vergangenheit. Ob bekannte Stadt oder unscheinbares Dorf – alle Stationen warten mit Unvorhergesehenem auf – wie in Lößnitz[S.88] die beiden keramischen Monumente von Uli Aigner »One Million Item 3501 und 3502« oder Tony Craggs »Stack«, der verwitterten vulkanischen Rauchsäulen ähnelt und in Aue-Bad Schlema[S.99] zu sehen ist. Auf dem Freiberger[S.108] Lomonossowplatz liegt Wilhelm Mundts glazial anmutender Brocken »Trashstone 689«. In Hainichen[S.74] hat Stijn Ank mit der weißpatinierten Bronzeskulptur »Endless Column« ein Symbol für die Bedeutung des Papiers für Hainichen und Europa geschaffen. Bettina Pousttchis Skulpturen »42 Tage« im Stadtraum von Schwarzenberg[S.124] erinnern in ihren Verbiegungen und ihrem Aufbäumen an die 42 Tage der »Freien Republik Schwarzenberg«, die Stephan Heym literarisch inszeniert hat. Auf Schloss Hoheneck[S.50] begegnet Leunora Salihu mit »Bogen« der Vergangenheit – einem aus Hunderten kreisrunder Aluminiumscheiben zusammengesetzten, kettenartigen Werk, das einem hohen, schmalen Tor gleicht.

Wussten Sie, dass Sie hier auch eine UNESCO-Welterbe-Gegend besuchen? Es ist das Welterbe »Montanregion Erzgebirge / Krušnohoří«, in dem 22 Orte eng miteinander verbunden sind. 17 Orte und Landschaften auf deutscher und fünf auf tschechischer Seite präsentieren hier eindrücklich die wichtigsten Bergbauzentren und Epochen

Georgius-Agricola-Gymnasium (1929) mit Figuren von Heinrich Brenner (1883–1960); Neubaublock Brückenstraße: Bleiintarsien (1964/65) von Johann Belz, Robert Diedrichs, Rudolf Fleischer und Rudolf Kraus

Stadtbad Mühlenstraße (1925) von Fred Otto (1883–1944), Wassertiergruppen von Bruno Ziegler (1879–1941); Bahnhofstraße: »Kampf und Sieg der revolutionären deutschen Arbeiterklasse« (1970–76) von Johann Belz

des sächsisch-böhmischen Erzbergbaus. Neben den hochmittelalterlichen Silberbergwerken in Dippoldiswalde und dem Verwaltungszentrum in Lauenstein sind es die Bergbaulandschaften in Altenberg-Zinnwald und Annaberg-Frohnau, in Buchholz und in Ehrenfriedersdorf, in Eibenstock und in Freiberg, im Hohen Forst und in Pöhlberg sowie die Bergbaulandschaften Rother Berg und Schneeberg. Auch die historische Altstadt von Marienberg mit der zugehörigen Bergbaulandschaft Lauta gehört dazu, ebenso wie das Blaufarbenwerk Schindlers Werk und die Saigerhütte Grünthal. Als jüngstes reiht sich die Uranbergbaulandschaft mit ihrer das 20. Jahrhundert prägenden Geschichte ein. Auf tschechischer Seite sind es die vier Bergbaulandschaften Abertamy/Boží Dar/Horní Blatná, Jáchymov, Krupka und Vrch Mědník (Kupferberg). Die fünfte Region ist ebenfalls eine Uranbergbaulandschaft bei Jáchymov (Sankt Joachimsthal). Sie hat eine dunkle Geschichte. Darum wird dieses Areal auch »Roter Turm des Todes« (Rudá věž smrti) genannt – benannt nach dem siebenstöckigen, backsteinernen Vorratsbunkerbau und der Symbolfarbe des kommunistischen Systems – und nach denen, die dort arbeiten mussten. Der Ort diente zwischen 1951 und 1956 als zentrale Aufbereitungs- und Sortieranlage der in der ehemaligen Tschechoslowakei abgebauten und in die vormalige Sowjetunion gelieferten Uranerze. Dieses Areal erinnert in einzig verbliebenen Fragmenten nicht nur an die Uranerzaufbereitung im Erzgebirge, sondern zugleich an die politischen Gefangenen, die hier in den 1950er-Jahren unter unmenschlichen Bedingungen inhaftiert waren und Zwangsarbeit leisten mussten.

Die vertrautesten Wege dieser Gegend führten aber auch hier während der vergangenen Jahrhunderte in die Kirchen. Wie überall haben auch im Erzgebirge die Menschen hier ihre Kinder getauft, haben hier geheiratet, gebetet und gesungen, Schutz und Orientierung gesucht, Ostern und Weihnachten gefeiert – und ihre Lieben zu Grabe getragen … Bis heute sind diese Kirchen in ihrer Würde und Gestalt für die Menschen vor Ort – ob christlich oder nicht – Orte der Identifikation und der Verbundenheit mit ihrer Heimat. Sie gehören wesentlich zum Erscheinungsbild des Ortes, sind Abbild seiner Geschichte und waren immer wieder auch Orte des Gesprächs und der Vergewisserung untereinander als gemeinschaftlicher Schutzraum aller Bewohnerinnen und Bewohner – aktiv zuletzt 1989. Diese Funktion verkümmert. Aber die Kirchen sind (auch) dafür gebaut worden und heute vielerorts die letzten verbliebenen öffentlichen Räume. Um diesen Status zu erhalten, ist es wichtig, sie in ihrer Vielfalt zu nutzen, die sie als kulturellen und außerschulischen Lernraum in Sachen Musik und Geschichte, Kunst und Mathematik genauso wertvoll macht wie für den Gottesdienst und das gemeinschaftliche Beisammensein.

Bei einem Buch wie diesem liegt es nahe, die Tür poetisch zu öffnen. Aber gelingt das im Blick auf eine ganze Region? Lässt sie sich greifen und begreifen in ihrer Geografie und Geologie, ihrem Klima und Farbreichtum, ihrer Geschichte und Kultur, ihrer Schönheit und Ödnis, ihren Menschen und deren Sprache? Die im Jahr des Mauerbaus im damaligen Karl-Marx-Stadt geborene Schriftstellerin Kerstin Hensel hat es in ihrem Gedicht »Gruß aus dem Erzgebirge« versucht:

Nebelgeschwader und Wolfsschlucht
Silber Uran Amethyst
Glimmerndes Wolkengestein braunes Rückschwall
De Walt is e Dorf

Ahnenland schwummrig
Berggeschweig
Was soll ich sagen

Im Kalten Muff befeuern sich Heimatschützen
Zurückgebliebene zwitschern
Sich einen an
Sie rufen: satt haar su gieht's
Heitzetog
Behummst einen's Lahm
Weils nicht bleem will
Wies is!

Schlosskirche Chemnitz

Bauzeit: ab etwa 1150, 1514–26, 1867–75, 1895–97; Stil: Romanik, Gotik, Neogotik; Form: ursprünglich dreischiffige Basilika, dann Hallenkirche; Architekten: Karl Moritz Haenel (1809–80), Gotthilf Ludwig Möckel (1838–1915)

Typisch für die Bauten der Benediktiner, steht die ursprüngliche Klosterkirche dieses Ordens mit angrenzender Abtei, heute Schlossbergmuseum, auf einem Berg über der Stadt. Lothar von Süpplingenburg (1075–1137) hatte das Kloster 1136 gegründet. Der Gründungsbau, eine romanische Basilika mit markantem Querschiff, markiert maßgeblich den Grundriss der Kirche, die Anfang des 16. Jahrhunderts wesentlich umgestaltet wurde. An einen Westriegel mit Portal und in drei Geschosse gegliedertem Turm anschließend, erstreckt sich eine dreischiffige Hallenkirche mit breitem Mittelschiff über fünf Joche. Alle Schiffe und der erhöhte Chor, der in einem außen von Strebepfeilern rhythmisierten 5/8-Schluss endet, sind von einem flachen Stern-Netz-Gewölbe überspannt. Im Chorgewölbe finden sich hier um 1530 entstandene Darstellungen der vier Evangelisten. Im südlichen Seitenschiff steht das ursprüngliche Nordportal der Kirche, das mit seiner naturalistisch orientierten Plastizität von hoher künstlerischer Qualität zeugt. Das rundbogige Portal wird vom Stifterpaar und zwei Äbten flankiert. Darüber finden sich Maria, beidseitig Johannes der Täufer und der Evangelist, außen Ordensvater Benedikt und Scholastika, bekrönend der von Engeln umspielte Gnadenstuhl. Besonders sind auch die hölzerne Geißelsäule des Meisters HW von 1515 und der 1499 ursprünglich für die Katharinenkirche in Großenhain geschaffene Altar von Pancratius Grueber, der offen Maria, flankiert von Barbara und Katharina und Szenen der Katharinenlegende, geschlossen die vier großen jungfräulichen Märtyrerinnen Barbara, Dorothea, Katharina und Margareta sowie Ursula, Magdalena, Agatha und Agnes zeigt.

Schlosskirche mit Schlossbergmuseum; Geißelsäule mit Landsknechten im zeittypischen Gewand; Chorgewölbe mit Darstellungen der Evangelisten

Stadtkirche St. Jakobi Chemnitz

Bauzeit: 1350–65, 1405–12, 1875–79, 1911/12
Stil: Gotik, Neogotik, Jugendstil
Form: Hallenkirche mit Hallenumgangschor
Architekten: Hugo Altendorff (1843–1933), Rudolf Schilling (1859–1933), Julius Gräbner (1858–1917)

Die Jakobikirche im Zentrum der Stadt gründet auf einem romanischen Vorgängerbau. Es ist eine helle dreischiffige Hallenkirche, deren vierjochiges, von einem Kreuzrippengewölbe überfangenes Langhaus in einem queroblongen Chorquadrat, flankiert von polygonalen Apsiden, endet. Dahinter öffnet sich ein weiträumiger, ebenfalls überwölbter, vierjochiger Hallenumgangschor mit 9/16-Schluss, der von schlanken, dreibahnigen Lanzettfenstern mit variablem Maßwerk erhellt wird. Die ganze Kirche ist von Strebepfeilern umstellt, die den Bau ausgewogen rhythmisieren. Besonders ist die ebenfalls aus dem frühen 15. Jahrhundert stammende Vorhalle mit Westgiebel, der zunächst neogotisch nach Plänen von Konrad Wilhelm Haase (1818–1902) und wenig später eindrücklich mit Formen und Motiven des Jugendstils von Rudolf Schilling (1859–1933) und Julius Gräbner (1858–1917) überformt wurde. Interessant ist die das Lutherzitat »Ein feste Burg ist unser Gott« über dem Eingangsportal flankierende Ora-et-labora-Sandstein-Figurengruppe aus Gelehrtem, Arbeiter, Mutter mit Kind und Kaufmann, darüber Christus als König und unter dem Gesims fünf musizierende Engel. Den Hallenumgangschor schmückt innen unterhalb der Fenster ein umlaufender, farbig abgesetzter Maßwerkfries. Hier findet sich auch ein Komposit-Altar aus geschnitzter Kreuzigungsgruppe von Peter Breuer (1472–1541), Tafelbild-Flügeln von Hans Hesse (1497–1539) sowie Predella und Gesprenge von Susanna (*1963) und Bernhard Lutzenberger (*1958). Die Jakobikirche ist die Taufkirche des Komponisten Philipp Dulichius (1562–1631), 1587 bis 1630 Kantor an St. Marien und am Fürstlichen Pädagogium in Stettin.

Chorraum mit Komposit-Altar und temporär »Petrified Wood Circle« (2000) von Richard Long (*1945); Engel im Gesims über dem Westportal

Petrikirche Chemnitz

Bauzeit: 1885–88
Stil: Neogotik
Form: Hallenkirche
Architekt: Hans Enger (um 1850–ca. 1920)

Die von dem Leipziger Architekten Hans Enger entworfene Petrikirche ist der erste neogotisch-historistische Großbau der aufblühenden Industriestadt Chemnitz und der erste Bau des 1902 geplanten Theaterplatzes, der alle bürgerlichen Repräsentations- und Kulturbauten der Kaiserzeit vereint: eine Kirche, ein Museum (heute Städtische Kunstsammlungen, ursprünglich König-Albert-Museum, 1906–08 von Stadtbaurat Richard Möbius [1859–1945]), ein neobarock-dominantes Theater (seit 1924 Opernhaus, gleichzeitig von Richard Möbius) und schließlich das Hotel »Chemnitzer Hof«, das, im Stil der Neuen Sachlichkeit 1929/30 von Heinrich Straumer (1876–1937) erbaut, den Platz als jüngster Bau vervollständigt. Die Kirche mit Platz für 1.200 Menschen behauptet sich sehr souverän im Bauensemble. Auffällig sind die backsteinerne Fassade mit den Gliederungs- und bauplastischen Elementen aus hellem Sandstein und der hoch aufragende Turm über der Eingangshalle, der von Treppentürmen flankiert wird. Die Arme des Querhauses schließen wie der Chor polygonal. Auffällig sind die Wimperge über den Portalen und den Chorfenstern mit variantenreichem Maßwerk. Den Wimperg über dem Hauptportal schmückt ein Relief des Bildhauers Werner Stein (1855–1930), Professor für Modellieren an der Leipziger Gewerbeschule, nach dem neutestamentlichen Vers »Kommt her zu mir, alle, die ihr mühselig und beladen seid; ich will euch erquicken« (Matthäus 11, 28). Im hellen, weiträumigen Innenraum finden sich zwei weitere Reliefs Werner Steins, die ursprünglich Teil des Altars waren: die Opferung Isaaks (1. Mose 22, 1–19) und das Gebet in Gethsemane (Matthäus 26, 36–46).

Portal mit Relief von Werner Stein; Chorraum mit Auferstehungsfenster, Glasmalerei Hertel & Lersch, Düsseldorf; Altar und Kanzel aus Kalk und Serpentin

JESUS

Lutherkirche Chemnitz

Bauzeit: 1905–08
Stil: Neoromanik, Jugendstil
Form: Zentralbau mit monumentalem Vierungsturm
Architekt: Otto Kuhlmann (1873–1948)

Die Lutherkirchengemeinde wurde im Zuge der Expansion Chemnitz' als Industriestadt 1900 gegründet. Der in Berlin beheimatete Architekt Otto Kuhlmann, 1903 Träger des »Großen Staatspreises« der Akademie der Künste, baute für die junge Gemeinde eine seiner ersten Kirchen, errichtet auf dem Grundriss eines griechischen Kreuzes als Zentralbau mit einem 64 Meter hohen, oktogonalen Vierungsturm mit Pyramidendach und vier kleinen, ebenfalls oktogonal aufsteigenden Ecktürmen. Die Kirche gilt als erster Stahlbetonbau der Stadt. Die Pfeiler sind mit Muschelkalk aus Steinbrüchen nahe Freyburg an der Unstrut verblendet. Teile des Hauptportals und der aufwändig mit Friesen und Ornamenten belebten Fassade sind aus Elbsandstein. Der Innenraum, der Platz für 1.000 Menschen bietet, öffnet sich als heller Raum zum Chor mit einer zylindrischen Kanzel aus grauem Muschelkalk, einer Taufe und einer Liedtafel aus Messing. Die Zentralform wird durch die Emporenführung zusätzlich betont. Die grün-grau-weiße Ausmalung der Kirche und die Gestaltung der Fenster stammt von Karl Schulz aus Dresden. Die Gestaltung des das romanische Rundbogenmotiv des Triumphbogens und der Apsis aufnehmenden Altars oblag Osmar Schindler (1867–1927), der auch für mehrere Dresdner Kirchen Altarbilder schuf. Im Zentrum des von braunem Muschelkalk eingefassten Bildes steht, gleich einem Wanderprediger, Jesus im weißen Gewand, in der einen Hand den Hirtenstab, die andere zum Segensgestus erhoben, andächtig von mehreren Generationen aus unterschiedlichem Stand umgeben. Stilistisch lässt es sich dem symbolistischen Jugendstil zuordnen, den auch Heinrich Vogeler (1872–1942) vertrat.

Lutherkirche: Zentrum des Lutherviertels, mit Jugendstilmotiven ausgemalte Apsis; eingestellte Portalsäule mit Fledermaus als Wächterfigur

Bonhoefferkirche Chemnitz

Bauzeit: 1983–85
Stil: Postmoderne
Form: Saalkirche mit Gemeindezentrum
Architekten: Ulrich Böhme (*1939), Eberhard Burger (*1943)

An der Peripherie vieler Großstädte wurden in den 1980er-Jahren Neubaugebiete errichtet: Plattenbausiedlungen, die eigene vier Wände und Wohnkomfort versprachen. War es in Berlin-Lichtenberg das Gemeindezentrum »Am Fennpfuhl« (1981–84), so entstand hier im Stadtteil Markersdorf das Gemeindezentrum der Dietrich-Bonhoeffer-Gemeinde (1983–85), umbaut vom Wohngebiet »Fritz Heckert«. Der zweigeschossig angelegte Komplex, der in einen Abhang gebaut ist und neben dem ebenerdig angelegten Kirchbau, teilbar in zwei Siebenecke als Gottesdienst- und Festsaal, mit Foyer als Scharnier über etliche Gemeinderäume und eine rückwärtige Freiterrasse verfügt, ist ganz auf die Ansprüche der Gemeinde abgestimmt. Ist es in Berlin der Bildhauer Friedrich Press (1904–90), der dem Komplex mit unverwechselbarer Eigenheit spirituelle Kraft verleiht, setzen hier in Markersdorf, seit 2016 mit einem stilvoll in das Bauensemble eingefügten Campanile versehen, mehrere ihre künstlerischen Akzente. Im Kirchenraum, aus dessen mit grauem, rauem und bewegt versetztem Beton gestalteter Altarwand ein raumeinnehmendes Kreuz reliefartig hervortritt, hat Hans Brockhage (1925–2009) hinter dem Altartisch von Dieter Groh eine raumhohe Ecce-homo-Figur aus Mooreiche platziert, die den horizontal ausgewogen konzipierten Raum eindrücklich fokussiert und hebt. Die Paramente von Traude-Maria Hentschel ergänzen künstlerisch feinstofflich die theologische Aussage. Die zweiflügelige Eingangstür, die in das Foyer führt, ist beidseitig von Michael Morgner (*1942) in Auseinandersetzung mit Dietrich Bonhoeffer gestaltet. Von Morgner finden sich weitere eindrückliche Arbeiten im Innenraum.

Gemeindezentrum und Kirche; Bilderzyklus und Portal von Michael Morgner; Altarraum mit Ecce-homo-Figur von Hans Brockhage

Besondere Orte
Jüdischer Friedhof

Der jüdische Friedhof von Chemnitz wurde 1879 angelegt und hat die Zeit des Nationalsozialismus beinahe unversehrt überstanden. Das Areal, westlich des Stadtzentrums auf dem Kaßberg gelegen, wird bis heute genutzt und hat mehrere Abteilungen mit etwa 1.200 Grabstellen. Im Hebräischen heißt der Friedhof »Haus der Ewigkeit«, »Haus des Lebens« oder »Guter Ort«. Jedes Grab ist ewiger Ruheort des Verstorbenen. So sind die Friedhöfe für die Ewigkeit angelegt und bilden das kulturelle Gedächtnis und die Geschichte der Gemeinde ab. Auffällig ist mehrfach die doppelte Beschriftung in hebräischer und deutscher Sprache, ebenso der fehlende Grabschmuck, der in jüdischer Tradition unüblich ist. Als Zeichen der Erinnerung werden kleine Steine auf dem Grabstein oder der Grabplatte hinterlassen.

Wichtigstes traditionelles Symbol ist ein Hexagramm: der Davidstern. Er symbolisiert auf einmalige Weise die Beziehung zwischen Mensch und Gott. Das nach unten weisende Dreieck bezeichnet das Geschenk des Lebens von Gott an den Menschen. Das nach oben weisende Dreieck symbolisiert die Gewissheit der Rückkehr des Menschen zu Gott. Darüber hinaus bilden die zwölf Seiten und Schnittstellen des Davidsterns die zwölf Stämme Israels ab, wie sie im Alten Testament (1. Mose 49,1–28) als die Söhne Jakobs, der nach Abraham und Isaak als dritter und wegweisender Erzvater gilt, aufgezählt werden:

Der Friedhof – »Haus des Lebens« – als ewige Ruhestätte, mit dem Davidstern und historistischen Stilornamenten

Ruben, Simeon, Levi, Juda, Sebulon, Issachar (die sechs Söhne von Jakobs erster Frau Lea), Dan, Naftali (die zwei Söhne seiner Magd Bilha), Gad, Asser (die zwei Söhne seiner Magd Silpa) sowie Josef und Benjamin (die zwei Söhne seiner zweiten Frau Rahel).

Außerdem findet sich ein »Tränenbaum« (1. Mose 35, 8) oder ein geknickter oder abgebrochener Baum, der wie eine ebenfalls öfter zu sehende abgebrochene Säule für ein zu früh geendetes Leben steht. Diese beiden Symbole sind auch in anderen Kulturen in Gebrauch und haben – wie das über dem Grabstein hängende Trauertuch – ihren Ursprung in der Antike. Dazu zählt auch der Schmetterling, der die unsterbliche Seele abbildet und in der Metamorphose den Weg zum ewigen Leben versinnbildlicht. Der Löwe, Abbild des Stammes Juda, steht auch als Namenssymbol für Leb, Löb, Löw oder Löwy, aber auch für Arie, was hebräisch »Löwe« bedeutet.

Die großen, vornehmen Grabanlagen, die den Friedhof hauptsächlich umsäumen, sind in der Regel Familiengrabstätten wohlhabender jüdischer Familien. Einige tragen dezent orientalisch-maurische Muster wie Hufeisenbögen, die in der Annäherung an die Mittelmeerkultur ein eigenes kulturelles Bewusstsein offenbaren, das sich von den rein christlich konnotierten Stilformen der Romanik und der Gotik absetzt und an das humanistische Ideengut der Renaissance anknüpft. In der Regel sind diese Gräber, die oft großzügig zum Verweilen einladen und als umzäuntes Refugium der Besinnung für die Hinterbliebenen gestaltet sind, aber vor allem mit zeittypischen Elementen wie Akanthus und Palmetten, Girlanden und Efeu geschmückt und von Akroterien bekrönt. Auch diese stammen aus der antiken Tempelarchitektur, sind als Bekrönung von Giebeln oder Eckakroterien gestaltet und waren insbesondere während der Zeit des Historismus bis 1900 sehr beliebt. Die dezent expressionistisch anmutende Friedhofskapelle – das zur Waschung der Verstorbenen (Tahara) sogenannte Taharahaus – stammt von 1882.

Besondere Orte
Straße der Nationen

Chemnitz hat in seiner Geschichte viele städtebauliche Umgestaltungen erfahren. Wesentlich waren unter anderem 1859 die Gestaltung des Schillerplatzes zum 100. Geburtstag des Dichters und ab 1902 des nachbarlich gelegenen Theaterplatzes, ursprünglich Königsplatz genannt, nach den Plänen von Stadtbaurat Richard Möbius (1859–1945), der mit der Petrikirche, den Städtischen Kunstsammlungen und dem Opernhaus noch heute einen markanten Punkt in der Stadtlandschaft setzt. Beide Plätze säumen unmittelbar die breit gelagerte Straße der Nationen, die, vom Neumarkt aus dem Stadtzentrum kommend, als Wohn- und Einkaufsstraße eine wichtige Verkehrsverbindung zum nördlich anschließenden Stadtteil Schlosschemnitz darstellt und in Teilen ein wichtiges Zeugnis der DDR-Stadtraumgestaltung darstellt.

Spannend ist insbesondere der Teil zwischen dem Johannisplatz und der Carolastraße. An das »Hotel an der Oper«, vormals Interhotel und »Café Moskau«, das von 1960 bis 1962 von Horst Neubert und dem zeitweiligen Stadtbaudirektor Werner Oehme errichtet wurde, schließen nach Süden in Kammstellung mehrere achtgeschossige Bauten mit der Giebelseite zur Straße der Nationen an, die durch großzügig gelagerte, zweigeschossige Ladenbauten mit Laubengängen im Erdgeschoss miteinander verbunden sind. Sie wurden von 1959 bis 1963 als erste mehrgeschossige Stahlbetonskelett-Großplattenbauten im damaligen Karl-Marx-Stadt erbaut. Mehrere

Die Straße der Nationen, Weiträumigkeit als Lebensutopie; »Jugendbrunnen« (1965) von Johann Belz (1925–76), auch Gestalter der Bleiintarsien in der Brückenstraße S. 11

der horizontal gelagerten Ladenbauten, die entgegen der Stellung der Wohnhäuser den städtischen Charakter durchgängiger Straßenbebauung behaupten, sind mit Naturstein verkleidet, was die sachlich kühle Atmosphäre geschickt harmonisiert. Die rhythmisch effektvolle Staffelung der Bauten erfährt durch die leichte Krümmung der Straße zusätzliche Dynamik. Für die Gesamtplanung war Werner Oehme verantwortlich. Die Wohnbauten entstanden nach Entwürfen eines Büros um Horst Neubert und Johannes Gitschel (1936–2023), der 1979 für die Gestaltung der Leipziger Straße in Berlin den »Architekturpreis der Deutschen Demokratischen Republik« erhielt. Dieser wurde 1971 gestiftet und jährlich am 22. Juni, dem »Tag des Bauarbeiters«, vergeben. Die Laubengang-Laden- und Bürobauten entwarfen Gerhard Laake (1910–87), Karl Müller und Günter Hauptmann.

Typisch für die DDR-Moderne ab den 1960er-Jahren, die die klassizistischen Anleihen nach sowjetischem Vorbild, wie sie noch am 1951 eingeweihten, ehemaligen Chemnitzer »Kulturpalast« sichtbar sind, hinter sich lassen, ist die aufgelockerte Raumplanung. Diese als Abbild einer neuen Gesellschaft fungierende Großzügigkeit sollte sich im Charakter der Straße der Nationen spiegeln. Als moderne Magistrale im Stadtzentrum entfaltet sie eine ähnliche, aber weniger dominante Wirkung als die Berliner Karl-Marx-Allee, die noch ganz dem sozialistischen Neoklassizismus verpflichtet war. Während sich hier in Chemnitz der Plattenbau etabliert, der mit seiner Standardisierung nur bedingt individuelle Lösungen möglich macht, und die Moderne nur punktuell Einzug hielt – vor allem in Berlin mit dem »Kino International« (1963) und dem »Café Moskau« (1964) – zog Chemnitz später mit einer polygonalen Stadthalle nach, die 1969 bis 1974 von einem Architektenteam um Rudolf Weiser erbaut wurde und gemeinsam mit dem gleichzeitig errichteten, dominant die Silhouette bestimmenden »Congress Hotel Chemnitz« (Interhotel »Kongreß«) wesentlich das Stadtzentrum prägt.

Besondere Orte
Kaufhaus Schocken und Warenhaus Tietz

Kaum eine deutsche Stadt hat eine so besondere Kaufhausgeschichte und Architektur der 1910er- bis 1930er-Jahre wie Chemnitz. Dafür stehen zwei Namen: Simon Schocken und Leonhard Tietz – beide waren innovative, erfolgreiche Geschäftsleute, die die Idee des Kaufhauses auf ein neues Niveau hoben. Die Geschichte dieser Kaufhäuser und ihrer Menschen gleicht einem verdichteten Spiegel deutscher Geschichte.

Von Erich Mendelsohn (1887–1953), Pionier der Moderne, der zunächst expressionistisch mit dem Einsteinturm in Potsdam (1920–22) reüssierte und später mit der Umgestaltung des Mossehauses (1921–23) und der »Schaubühne am Lehniner Platz« (1928) in Berlin, jeweils mit der legendären runden Ecke, den Grundstein für seine Architektursprache legte, die als Stromlinien-Moderne auch im Design des Auto- und Eisenbahnbaus Erfolg feierte, ließen die Unternehmer Simon Schocken (1874–1929) und Salman Schocken (1877–1959) ihre Kaufhäuser in Nürnberg, Stuttgart und Chemnitz errichten. Schocken gehörte bis 1933 mit Kaufhof, Tietz und Wertheim zu den erfolgreichsten Kaufhauskonzernen in Deutschland.

Der neungeschossige Bau in Chemnitz zeigt typische Merkmale der Mendelsohn-Architektur, allen voran die über 70 Meter geschwungene Fassade als Kreissegment mit stark horizontaler Ausrichtung, die durch Fensterbänder bestimmt

Das ehemalige Kaufhaus Schocken – konvex in den Raum gestellte Eleganz; das ehemalige Kaufhaus Tietz – weiträumiger Einkaufskomfort

ist. Das Erdgeschoss verzichtet auf eine pompöse Eingangsgestaltung und ist stark zurückgenommen. Nur der Schriftzug in moderner Typografie markiert dezent die Eingänge. Die drei Obergeschosse springen ähnlich dem Erdgeschoss organisch zurück. Die leicht zurückgesetzten Treppenhäuser, zwischen die die Vorhangfassade eingespannt ist, sind gerastert vollverglast. Die Brüstungen der Fassade, die etwa das gleiche Maß wie die Fensterbänder haben und mit diesen plan schließen, sind mit Travertin verkleidet. Das Gebäude beherbergt heute das städtische Museum für Archäologie.

Das Warenhaus Tietz wurde bereits 1912/13 errichtet und präsentiert sich ebenso für seine Zeit äußerst modern als Jugendstilbau. 1914 übernahm Alfred Leonhard Tietz (1883–1941) nach dem Tod seines Vaters Leonhard Tietz (1849–1914) die Kaufhausgruppe, die bis 1933 an über vierzig Standorten präsent war – unter anderem in Stralsund mit einem imposanten expressionistischen Backsteinbau (1927). Erbauer des monumentalen Jugendstilbaus in Chemnitz war Wilhelm Kreis (1873–1955), der als junger Architekt mit seinem Entwurf der »Götterdämmerung« den Grundstein für zahllose Bismarck-Türme um 1900 schuf und zum Hauptarchitekten der Leonhard Tietz AG avancierte. In den 1920er-Jahren errichtete er die »Tonhalle Düsseldorf« (1926), die Sparkasse Bochum (1929) und das »Deutsche Hygienemuseum« in Dresden (1927–30). Das Chemnitzer Kaufhaus ist heute als »DAStietz« das Kulturzentrum in der Innenstadt. Seinerzeit wurde es als hochmoderner Bau in Stahlbeton-Skelettbauweise errichtet, der mit drei Lichthöfen dem Kaufhaus trotz seiner Größe auf engem Stadtraum eine optimale Durchlichtung ermöglichte. Die Werksteinfassade hat zentral eine betont vertikale Gliederung, die beiden darüber befindlichen Geschosse mit Zwillings- und Halbkreisfenstern gleichen den Bau, unterstützt von umlaufenden Gesimsen, horizontal aus. Dezente Eckrisalite klammern den Bau, sie sind mit klassizistischen Dreiecksgiebeln bekrönt.

Besondere Orte
Villa Esche und Wirkbau Chemnitz

Etliche Villen erinnern an eine wirtschaftlich goldene Ära der Stadt Chemnitz – zum Beispiel der in der Parkstraße 33 stehende, um 1910 errichtete, zweigeschossige Jugendstilbau in vornehmem Weiß mit markantem, von Säulen getragenem Vorbau, an den im ersten Obergeschoss ein halbrunder Erker anschließt – oder daneben in der Parkstraße 29 die um 1930 erbaute expressionistisch anmutende, gelb verputzte Villa Giehler mit dem Dreieckserker und der über beide Stockwerke gerahmten fünfachsigen Fensteranlage, die der Fabrikantenfamilie Giehler gehörte, die eine Weberei, Färberei und Appreturanstalt für Sonnen- und Regenschirmstoffe betrieb. Besonders aber ist auf der gegenüberliegenden Straßenseite, Parkstraße 58, der älteste dieser Bauten auf imposanter Anhöhe: die 1902/03 erbaute und 1911 um einen rückseitigen Erweiterungsbau und eine Gartenanlage erweiterte Villa des Strumpfwarenfabrikanten Herbert Eugen Esche (1874–1962), der für diesen Bau den flämisch-belgischen Architekten und Gestalter Henry van der Velde (1863–1957) engagierte. Van der Velde, der 1901 schon den Innenausbau des Kunstsalons des legendären Paul Cassirer (1871–1929) in Berlin übernommen hatte, war auch für die komplette Innenausstattung der Villa zuständig, die so mit eigens entworfenen Lampen, Möbeln und Teppichen zu einem Gesamtkunstwerk des Jugendstils avancierte. Der dreigeschossige

Jugendstil-Villa des Fabrikanten Esche – Großzügigkeit und stilsicherer Luxus;
Turm und Fassadengestaltung des Wirkbaus – Größe und repräsentatives Selbstbewusstsein

Bau erscheint von außen blockhaft massiv. Zentral springt leicht ein von Pilastern gerahmter und strukturierter Gebäudeteil vor, der von einem flachen Korbbogengiebel überfangen wird. Vorspringende Gebäudeteile sind durch offene Galerien verbunden. Nach hinten öffnet sich eine Terrasse. Der anmutige Charme entwickelt sich in und mit den Innenräumen, die großzügig um eine zentrale Lichthalle angeordnet sind. Heute ist die Villa Esche eine Dependance der Kunstsammlungen der Stadt und ein exklusiver Veranstaltungsort.

Eine ganz andere Imposanz entwickelt der Wirkbau in der Annaberger Straße – ein backsteinernes Industrieareal, ehemals größte Fabrik für Textilmaschinen in Deutschland, für das 1883 der Grundstein gelegt wurde. Der Standort war ideal und wurde stetig ausgebaut. Bei einer Firmenerweiterung – das Unternehmen war zeitweilig Weltmarktführer für Flachstrickmaschinen – entstand 1927 neben einer neuen Schmiede ein Turm, entworfen vom Chemnitzer Architekten Erich Basarke (1878–1941). Er hatte sich in Chemnitz mit der Handelskammer der Stadt (1910–12) und dem Erweiterungsbau des Kaufhauses Tietz (1926/27) bereits einen Namen gemacht.

Der Turm, als Aufzugs-, Uhr- und Glockenturm errichtet, ähnelt einem italienischen Campanile. Die Viertelstunden werden mit einem F geläutet, die ganzen Stunden erklingen in der unteren Quinte dazu in B. Mit dem auffällig dunklen Backstein, der zusätzlich blau verfugt ist, war eine kleinteilige Dekorierung des Turmes möglich, die dem Identitätssymbol eine besondere Prägung verleiht. Auffällig ist zunächst auf allen Seiten das kreisrunde, durchbrochene Ziffernblatt aus Metall, über dem sich die Zinnen weiten. Darüber, unmittelbar zurückspringend, befindet sich eine durchbrochene Krone im Stil des Art déco in deren Mitte sich schließlich eine geschlossene Laterne mit spitzem Turmhelm erhebt. Der sanierte Wirkbau beherbergt heute Firmen und Kreative und ist ein Höhepunkt auf der »Route der Industriekultur« der Stadt.S. 9

Werner Bräunig
Der gebrochene Autor der Arbeiterliteratur

Eigentlich hätte er der ideale Autor für die Literaturpolitik der DDR sein müssen. Werner Bräunig war Arbeiterkind, wuchs unter bittersten Bedingungen auf, erhielt in der jungen DDR Chancen, wie sie vorher undenkbar waren, begann, andere zum Schreiben zu ermutigen und selbst ein Werk zu schreiben, das einer der wichtigsten deutschen Romane des 20. Jahrhunderts hätte werden können, wäre er nicht in Ungnade gefallen und daran als Autor zugrunde gegangen.

Geboren wurde Werner Bräunig 1934 in Chemnitz, ein Jahr nach der Errichtung der NS-Diktatur. Hilfsarbeiter war der Vater, Näherin die Mutter. Liebe, Geborgenheit, Förderung erlebte Werner zu Hause nicht. Die Eltern kämpften ums Überleben. Seine Frustrationen ließ der Vater, ein NS-Anhänger, an seinen Kindern aus. Nach dem Krieg versuchte Werner auf dem Schwarzmarkt sein Glück. Er schloss sich einer Jugendbande an und landete in einem der berüchtigten Jugendwerkhöfe. Zur »Bewährung« wurde er nach Oelsnitz in den Steinkohlebau geschickt. Er ließ sich nicht festhalten, sondern suchte sich auf Rummelplätzen Arbeit und zog durch Ost- und Westdeutschland. 1953 fing er bei der Wismut AG an, diesem überaus mächtigen, geheimnisumwitterten Urankonzern, kam aber wegen Ost-West-Schmuggels ins Gefängnis. Wieder draußen, fand er Arbeit als Heizer und begann mit dem Schreiben. Der Staat erkannte sein Potenzial, band ihn ein und förderte ihn. Auf der ersten »Bitterfelder Konferenz«, die eine neue sozialistische Kulturpolitik initiieren sollte, hatte er 1959 einen großen Auftritt. Den Aufruf der Konferenz mit dem mitreißenden Titel »Greif zur Feder, Kumpel!« verfasste er. Darin heißt es: »Schreiben ist wie Bergmannsarbeit. Tief in die Stollen des Lebens eindringen muss der Schriftsteller. ... Es ist noch nicht lange her, da ich noch täglich in die Grube einfuhr und mit dem Geigerzähler der Pechblende nachkroch. ... Im sozialistischen Staat werden die schöpferischen Kräfte des Volkes, die unter den Bedingungen der kapitalistischen Ausbeutung verkümmern mussten und von der herrschenden Klasse unterdrückt und abgelenkt wurden, gepflegt und gefördert. Greif zur Feder, Kumpel! Schöpfe aus der Fülle Deiner Umwelt, Deines Lebens.«

Was Bräunig mit solchen Ankündigungen meinte, zeigt eine Passage aus seinem Romanvorhaben »Rummelplatz«. Darin erzählt er von vier Arbeitern der Wismut AG. Diese stand wie kein anderes Unternehmen für die frühe DDR und den Kalten Krieg. Sie war mehr als eine Bergbaufirma, eher ein Staat im Staat, mit zeitweise an die 200.000 Mitarbeitern. Viele Jahre wurde sie von den Sowjets beherrscht, mit eigener Polizei und Sicherheitsabteilung ausgestattet. Während der Anfänge des Kalten Krieges hielten die Sowjets sie für überlebenswichtig. Denn die Wismut AG produzierte das Uran, ohne das sie den atomaren Rüstungswettlauf mit der USA verloren hätten. Entsprechend ambitioniert waren die Pläne, überaus hart war die Arbeit. Und so erlebte sie einer der Romanprotagonisten: »Rasselnd fahren die Fördergestelle nieder. Drüben, am B-Schacht, fahren andere aus mit dem Sog der Pulvergase, der ausziehenden Wetter. Dazwischen die Metamorphose des Gesteins, der Gebirgsdruck, die Technik der Ingenieure. Dazwischen der Kampf, die Erschöpfung, die Dunkelheit. Die Produktionsziffern, und die Flüche dagegen. Die Planzahlen, und die Anstrengung dafür. Und aus allem das Erz. Nach vierzehn Tagen begann Christian Kleinschmidt sich an diese Arbeit zu gewöhnen. An ihre Schwere, ihre Dunkelheit, an die Enge der Querschläge und des Überhauens. Die ersten Tage war er nach der Schicht auf seinen Strohsack gesunken, ausgelaugt, oft ohne sich gewaschen und umgezogen zu haben. Er war sofort eingeschlafen; wieder auf die Beine bekommen hatten ihn die anderen erst kurz vor der neuen Schicht, mit schmerzenden Gelenken, mit bleiernem Schädel. Er war abgemagert, das Essen schmeckte nicht, mitunter war er über der Suppe eingeschlafen. Er hatte auch kaum Hunger verspürt, nur dieses klebrige Durstgefühl. Aber nicht der Schacht bedrückte ihn. Die zweihundert Meter Gestein über seinem Arbeitsplatz bedrückten ihn nicht und nicht ihre Masse. Auch die Sprengungen beunruhigten ihn nicht, das Flüstern des Gebirgs, der Lärm der Kompressoren. Nur die Härte der Arbeit. Der Gedanke an die täglich zu sackenden Hunte lähmte seinen Willen, ängstete seinen Schlaf, vergällte jede wache Minute zwischen den Schichten.«

In »Rummelplatz« wird die Wismut AG zum Inbegriff und Symbol der DDR, der Hoffnung auf ein besseres Leben für Arbeiter und der Erkenntnis gravierender Fehlentwicklungen. Wie die Welt, von der er erzählt, ist dieser Roman hart und roh, aus den tiefen Schächten des Lebens gehauen, um unbedingte Wahrhaftigkeit bemüht. Wie wenige andere gibt er einen ungeschönten Eindruck davon, was es hieß, im Deutschland der ersten Jahrhunderthälfte, zwischen NS-Diktatur und DDR, als Arbeiter zu leben. So, wenn Bräunig das Leben eines anderen Protagonisten, Hermann Fischer, Revue passieren lässt: »Schon als Kind hatte er fortgemusst, Achtzehn das erste Mal, im letzten Kriegsjahr war der Vater gefallen, und Mutter hatte die Wohnung halten können allein, Hermann war damals fünfzehn. So waren sie aufs Land gezogen, zu den Großeltern, bis zweizwanzig. Dann hatten sie auch da wieder fortgemusst. Wegen der Schande diesmal, denn Mutter bekam wieder ein Kind, und keinen Mann dazu und eine Frau von vierzig, ich bitt' euch, was sollen denn die Leute sagen. ... Aber es war alles so eng, so erdrückend, da ging er auf die Walz. Er kam nach Leipzig und nach Halle, nach Magdeburg und Hannover, überall war Inflation. Er ging ins Ruhrgebiet, da waren die Franzosen, Hanau, Würzburg, Bamberg, und über Hof und Plauen kam er zurück; allerdings ging er mehr über die Dörfer als in die Städte, arbeitete bei Bauern, und als er wieder nach Zwickau kam, war er zweiundzwanzig. Arbeit fand er in einer Maschinenfabrik, aber als er einen Streik mitorganisiert hatte, musste er wieder fort. Er ging nach Oelsnitz, wurde Bergarbeiter, wie sein Vater gewesen war. Er wurde Mitglied der KPD. Achtundzwanzig heiratete er Anna Röder, auch sie Tochter eines Bergarbeiters, einunddreißig wurde Ruth geboren. Aber zwischendurch mussten sie wieder fort, wieder nach einem Streik, man kündigte ihnen die Gemeindewohnung. So gingen sie nach Zwickau zurück. Und dann kam das Jahr dreiunddreißig. Er war seit zwei Jahren arbeitslos. Sie holten ihn gleich am Anfang, und er kannte sie alle: den Fleischergesellen Oemichen, den Steiger Sachsenweger; der Junghäuer Kimple hatte vor Wochen noch mit ihm an der gleichen Stempeluhr gestanden; den Lehrer Neumark, den Straßenarbeiter Jobst, den Gastwirtssohn Axmann, der spielte den Sturmführer. Hermann kam auf die Festung Sachsenburg, zwei Jahre lang. Fünfunddreißig ließen sie ihn frei. Da war Ruth schon vier Jahre alt, und Anna war schmal geworden und blass, und gealtert war sie sehr. Er sah: In ihr fraß etwas, das war stärker als sie, das höhlte sie ganz aus. Neun und zehn Stunden täglich in der Weberei, und sie wusste nie, was mit dem Kind war indessen, denn sie hatte keinen gehabt, bei dem sie Ruth hätte lassen können. Nun war er wieder da, wurde sie ein bisschen ruhiger. Aber er sah: Es war nur das Äußere, das er berührt. Die Angst saß tiefer, wirklich helfen konnte er nicht. Und das Lager verfolgte ihn überallhin. Auf der Grube gaben sie ihm die schlechtesten Arbeiten, die Kumpel ginge ihm aus dem Weg, auch die Hausleute. Aber wo war die Partei? Er traf manchmal einen Genossen, aber es war, als verkröche jeder sich in sich selbst. Er kannte die Gesetze der Illegalität – aber dass nicht einer einen Blick für ihn hatte. ... Vier Jahre lebte er so, immer an der Grenze seiner Kraft, von allem ausgeschlossen. Neundreißig verhafteten sie ihn erneut. Es war eine Verhaftungswelle aus Routine. Und erst in Buchenwald

erfuhr er, warum die Genossen ihn gemieden hatten. Weil sie dich doch so schnell wieder herausgelassen hatten. Und wir waren gewarnt worden vor dir, ein Spitzel, so hieß es. Das sagte ihm Paul Vogt, ein Genosse aus Zwickau, und im Lager noch suchten sie herauszufinden, von wem die Verleumdung gekommen war. Aber Paul Vogt wurde im Steinbruch von der SS erschossen. Von den anderen aus der Zwickauer Gegend, die Hermann im Lager traf, wusste keiner etwas. Am Leben blieb er wie durch ein Wunder. Im Mai fünfundvierzig, als er aus dem Lager gekommen war, seine Frau war an Tuberkulose gestorben, und Ruth gefunden hatte bei Ella Vogt, der Frau des ermordeten Paul Vogt, da hatte er sich geschworen: Jetzt fängt ein anderes Leben an. Und was du Anna schuldig bleiben musstest, jetzt machst du es gut an dem Kind. Aber die Partei sagte: Wir müssen die Kohlenschächte wieder in Gang bringen. Also ging er hin und brachte sie in Gang. Dann sagte die Partei: Wir brauchen dich im Erzbergbau. Also ging er zur Wismut.«

An die 600 Manuskriptseiten hatte Bräunig 1965 schon von seinem Hauptwerk geschrieben, das Interesse der Schriftstellerkollegen war immens, da wurde er ein Opfer kulturpolitischer Gewalt. Der junge Erich Honecker wollte sich gegen den alten Walter Ulbricht profilieren und statuierte am »Rummelplatz« ein Exempel. Der Vorabdruck eines Kapitels wurde zum Skandal gemacht. Der Roman sei zu ehrlich, zu kritisch und schade dem Staat. Man vermisse die Liebe zu Arbeiterschaft und Partei. Es fehlten Hoffnung und Eindeutigkeit. Christa Wolf und Anna Seghers versuchten, Bräunig gegen die unfairen Anwürfe zu verteidigen, vergeblich. Die Kampagne, mit den üblichen Methoden der Diffamierung und Zersetzung, lief schon. Bräunig gab nicht auf, wollte sein Recht und seine Freiheit behaupten, verweigerte sich der geforderten »Selbstkritik«. Doch es gelang dem Regime, ihn als Autor zu brechen. Seinen großen Roman stellte er nicht fertig, er verstummte, versank im Alkohol und starb 1976 mit nur 42 Jahren.

Dabei verstand sich Bräunig doch, bei seiner Lebensgeschichte verständlich, als Kommunist. Deshalb konnte er wie kaum jemand sonst die Geschichte und die Erlebnisse der jungen DDR von innen heraus erzählen. Besonders eindrücklich ist seine Schilderung der Reaktionen auf den Tod Stalins am 5. März 1953: »Als die Nachricht eintraf, unwiderruflich, war keiner vorbereitet. Eine ungeheure Benommenheit lag über dem Land, eine stählerne Stille. Auf Straßen und Plätzen blieben die Menschen stehen unter den Lautsprechern, sie hielten den Atem an, sie nahmen die Mützen ab, diese Sekunde war grenzenlos. Was sollte werden ohne ihn? Wie sollte das Leben weitergehen? War er denn nicht wirklich unsterblich erschienen den meisten: fern, allgegenwärtig, ungeheuer über alles, allmächtig?

In dieser Sekunde zerfiel die Welt in Einzelnes, die Drohung betraf jeden. Auf sich selbst verwiesen, sahen die Ruderer: es ist keiner neben ihm und keiner, der ihm gleicht. Wer soll nun die Hand halten über uns und wer dem Wind gebieten, wer über den Wassern gehen und geleiten nach Genezareth? Wer soll die Hungrigen speisen und die Kranken heilen, wer soll wachen über uns und wessen Bildnis über allen anderen sein? Und als sie das Volk sahen am Ufer, trauernd zumeist und den Himmel absuchend nach neuen Unglücken, verzagten manche wohl. So kam auch noch keine Kunde unters Volk von den ungeheuren Anstrengungen und großen Kämpfen, die schon im Gange waren. So ging die See sehr hoch unter dem Boot, und die Brandung lag noch vor ihnen, alle Ruder wurden gebraucht, einige aber, des Ruderns allzu unkundig, erregten den Unwillen anderer. Dann begannen die Trauerfeiern. Die dauerten eine Woche unvermindert an. In den Schulen erhoben sich die Kinder zu fünf Schweigeminuten, alle Fahnen sanken auf Halbmast, alle Rundfunkstationen strahlten feierliche Programme aus, unterbrochen immer wieder von Schilderungen aus dem Leben des Verstorbenen, von den kondolierenden Stimmen der Prominenten des Landes und von Berichten über die Feierlichkeiten in der Hauptstadt des großen Toten, die immer mit den Worten begann: Das größte Herz der Menschheit hat aufgehört zu schlagen. Symbolische Totenwachen zogen in allen Städten, in Betrieben, Dörfern, Verwaltungen, Kasernen, Bildungsstätten auf. Veranstaltungen wurden abgesagt bis auf wenige, der Staatstrauer gemäße. In den Kinos wurden Filme gezeigt, die das Leben des Verstorbenen würdigten. Es wurden Gelöbnisse abgelegt, alle Zeitungen druckten Nachrufe und druckten Fotos des Verstorbenen, überall wurden Ausstellungen eröffnet über sein Werk, neue Auflagen seiner Schriften wurden veröffentlicht, Dinge, Städte und Programme nach ihm benannt, die Bildhauer versuchten sich an ersten Entwürfen für die Monumente.

Das Leben ging weiter.«

Nein, das Leben ging nicht einfach weiter. Drei Monate später, am 17. Juni 1953, erhob sich das Volk gegen unmenschliche Arbeitsbedingungen, Unfreiheit, allgegenwärtigen Mangel. Wie viele Kommunisten, konnte Bräunig dies nicht einordnen. Er glaubte der offiziellen Behauptung, es handle sich um einen aus dem westlichen

Ausland gesteuerten Aufruhr. Dennoch gelang es ihm, die tiefe Verunsicherung, die der massive Protest ausgerechnet der Arbeiter auslöste, in Worte zu fassen, in denen bei aller ideologischen Parteilichkeit ein Ringen um Wahrhaftigkeit wahrzunehmen ist: »Das Glaubenmüssen und das Nichtglaubenwollen bekämpften einander lange. Es kann doch nicht sein, sagte Hermann Fischer. Der Arbeiter kann doch nicht streiken gegen sich selber. Und fragte sich dennoch, ob sie nicht vielleicht doch zu wenig getan hatten, ob sie die Unruhe der letzten Zeit vielleicht doch nicht ernst genug genommen hatten, ob sie nachgelassen hatten in der Wachsamkeit oder aber dem Volk zu viel zugemutet – wenn Massen von Arbeitern die Partei nicht mehr verstehen, dann können daran doch nicht die Arbeiter schuld sein. Das wäre die schwächliche Flucht der Unverstandenen, die sich eine anderes Volk wünschen. Das ist kein Satz für Marxisten. Die zu bewältigende Zukunft, das ist unser Satz, und dazu muss man sich die Gegenwart vornehmen, wie sie ist, nicht, wie man sie sich wünscht.« Hermann Fischer wird bei den Unruhen getötet. Warum und wofür? Das Romanfragment endet mit einer offenen Frage und einer nur vagen Hoffnung: »Was bleibt, wenn ein Arbeiter stirbt? Seine Arbeit? Das, was er geschaffen hat? Aber dies habe ich gesehen: Da ist keiner, so arm er gewesen sein mag, der bei seinem Tode nicht etwas hinterlässt.«

Nach der Friedlichen Revolution wurde das Manuskript von »Rummelplatz« wiedergefunden, sorgfältig ediert und 2007 endlich veröffentlicht. Aus diesem Fragment, einem Werk des Aufbruchs und der Zerstörung, ist nicht der Klassiker geworden, der möglich gewesen wäre. Deshalb bietet es eine traurige Lektüre. Zugleich aber eröffnet es tiefe Einsichten in die Geschichte von Chemnitz und dem Erzgebirge, die heute noch erregen und erschüttern.

Angela Krauß
Unfassbare Erinnerungen poetisch gebunden

Mit größerem Abstand als Werner Bräunig erzählt die 1950 in Chemnitz geborene Schriftstellerin Angela Krauß von der Wismut AG. Aber sie liefert keine sozialistische Arbeiterliteratur, sondern innige Erinnerungen an ihren Vater, der dort Bergpolizist war – mehr gedichtet als erzählt. Denn so intensiv Krauß die Bilder und Geschichten ihrer Kindheit wachzurufen versucht, entziehen die Erinnerungen sich ihr doch immer wieder. Das liegt zum einen in der Natur von Erinnerungen: Wir können sie nicht fassen, sie entgleiten uns, entziehen sich, je mehr wir uns nach ihnen ausstrecken. Aber für Angela Krauß kommt noch etwas Besonderes hinzu: die eigentümliche Verschwiegenheit und Unnahbarkeit des Vaters, die nicht zuletzt mit seiner Arbeit bei der Wismut zu tun hatte.

Faszinierend ist die Geologie des Erzgebirges, reich die Schätze, die tief in ihm ruhen. Anrührend ist die Volkskunst, die sich hier entwickelt hat. Auch im Kindheitshaus von Krauß ist sie präsent: »›Mei Arzgebirg, Unner Hamit‹ stand in weißen Buchstaben unter den Kissenzipfeln. Auf der Anrichte waren die Räuchermänner aufgebaut, die geschnitzten Tannen und bemalten Kuhherden, die Grüppchen mit Schäfer, Förster, Jäger und dem Holzweiblein, im Bücken erstarrt, die hautfarbene Engelkapelle und die schwarzbefrackten Kurrendesänger mit den aufwärtsgerichteten Gesichtern. Hochaufgerichtet über allen, aus einer Welt anderer Größenverhältnisse, im festlichen Bergknappenhabit und im weißen Gewand mit

goldenen Flügeln: Bergmann und Engel, die rosa lackierten Holzkugeln mit dem eingebohrten Loch für die Kerzenhalter entschlossen vorgestreckt.« Aber die Wismut AG stand für eine andere Welt – härteste Arbeit, unter schwierigsten Bedingungen, mit größtem politischen Druck. Was im vermeintlich beschaulichen Erzgebirge zutage gefördert wird, hat globale Folgen: »Die glühende Luftsäule, die sich am ersten November 1952 über dem Stillen Ozean erhob, erreichte nach zehn Minuten eine Höhe von vierzig Kilometern und eine Ausdehnung von einhundertneunzig Kilometern. Und mit einem Donnerschlag zerstörte der erste sowjetische Wasserstoffbombenversuch ein Dreivierteljahr später die letzten Illusionen von der Überlegenheit der Amerikaner im Weltmaßstab.«

Der atomaren Aufrüstung der Sowjets diente auch der Vater von Angela Krauß mit äußerster Disziplin: »Mein Vater fuhr morgens auf einem alten schwarzen Fahrrad der Firma Wanderer die Straße hinauf, unter dem geöffneten Schlagbaum hindurch in eine Siedlung aus gelbgetünchten Holzhäusern, Baracken, Anschlagtafeln und beflaggten Brettertoren. Tagsüber folgte er dem russischen Posten am Drahtverhau, prägte sich schnell den Verlauf des Zauns ein, zusammen mit der Fläche, die er umschloß. Auf ihr lagerte der Berg aus Abraum, das tote Gestein.« Abends ging es zurück: »Auf einem alten schwarzen Rad der Firma Wanderer kam mein Vater die Straße heraus, bergauf zwischen den Schneewänden, stehend im Sattel, in der blauen Jacke der Bergpolizei. Die Ohrenschützer baumelten an seinen Kopfseiten.« Bald stieg er auf, Stufe um Stufe, und konnte das Fahrrad durch einen Dienstwagen ersetzen: »Sehr groß war er, als er das erste Mal aus dem grauen EMD stieg und dabei ungeschickt den Kopf einzog: ein noch junger Mann, der sich von seinem Chauffeur mit Händedruck verabschiedet.«

Für das Kind bedeutete »Dienst« vor allem »Abwesenheit«. Der Vater ging und kam, die meiste Zeit war er fort. Bedrückender aber als

sein bloßes Nicht-da-Sein war sein Schweigen. Der Vater lebte nach dem Frunse-Prinzip, das auf einen bolschewistischen Militär zurückgeht: »Jeder Soldat erhält das Minimum an Information, das zur Ausführung eines Befehls unmittelbar notwendig ist.« Aber nicht nur seinen Dienst hat er »im Gehäuse der Schweigepflicht«. Das Frunse-Prinzip war ein militärisch-politisches Instrument: »Ich habe ohne Umschweife begriffen, dass Schweigen Macht ist.« Aber es bestimmte auch das Leben in der Familie, sickert in alle Ritzen des persönlichen Erlebens ein. Mit größter poetischer Feinfühligkeit durchsucht Krauß alte Fotos aus Kindertagen oder ruft längst vergangene Erlebnisse auf, um dem Vater näherzukommen. Aber es gelingt nicht. Da bleibt eine letzte Stummheit, eine große Einsamkeit: »Ich habe ihn nie mit bloßen Zähnen lachen sehen; manchmal habe ich mich innerlich sehr fest machen müssen, um ihm eine kleine Frage zu stellen.«

Später, so erzählte ihr die Mutter, habe der Vater im Schlaf gesprochen: vom Ernstfall. Er wurde krank, übernahm andere Dienste, veränderte sich: »Ganz plötzlich, von einem Tag auf den anderen, wurde er weich. Als ob eine jahrzehntelange Starre mit einem Mal von ihm abgefallen war. Von einem Tag zum anderen wurde er ein anderer Mensch. Er wurde weich und zärtlich von dem Tag an, da er sein Leben verstanden hatte. In unserer Familie wurde nun viel gelacht.« 1968, mit nur 48 Jahren, tötet sich der Vater, er erschoss sich im Dienst: »Seinen Tod hat er kaltblütig geplant. So jedenfalls sollte es nach seinem Willen aussehen: wie ein Urteil. ... Im Oktober 1968 war die Waffe meines Vaters plötzlich spurlos verschwunden. Es verschwinden alljährlich Hunderte Menschen für immer. Sie führte ein Leben im Verborgenen. Ich schlief Wand an Wand mit ihr, nicht einmal im Traum zeigte sie sich. Ich habe nie darüber nachgedacht: Wir waren bewaffnet seit meinem dritten Lebensjahr. ... Als sich mein Vater erschoß, schrie sie, die Mutter. Sie weinte nicht. Es war ein eisiger Herbstmorgen, früh hereinbrechender Winter, als er das Haus verließ und das Gesicht noch einmal zu ihr aufwandte. Sie wollte das Fenster einschlagen, das festgefroren war. Sie hatte etwas in seinen Augen gesehen. Alles Herrenlose wurde gebracht: Aktentasche, Brille, die Börse, die ich ihm einst aus einem Lederrest gebastelt hatte. Es fehlte die Waffe. Und noch immer fiel mir nichts auf. Erst heute, vierzig Jahre später, möchte ich sie kennenlernen. Sie allein war in der letzten Minute bei ihm. War sie Zeuge des Augenblicks absoluter Freiheit des Menschen? Ich richte über alle verfügbaren Kanäle diese Frage an sie. Denn auch von den alljährlich spurlos Verschwundenen gibt es mitunter Zeichen.«

Wie soll man sich an den Suizid des eigenen Vaters erinnern, wie ihn auch nur in Ansätzen verstehen? Warum hat er das getan?

Und was hat seine letzte Tat mit Chemnitz und dem Erzgebirge zu tun, mit dem heißen und dem kalten Krieg, der Wismut und der DDR, dem Dienst und dessen Schweigen?

Warum wurde er krank und dann weich?

Es bleibt unfassbar.

Stephan Hermlin
Veredelte Erfindungen

Einer der bekanntesten und einflussreichsten Schriftsteller, die in Chemnitz geboren wurden, war Stephan Hermlin. Als Dichter, Erzähler, Übersetzer, Kulturjournalist und -politiker war er eine prominente und durchaus mächtige Figur in der DDR. Im zweiten Jahr des Ersten Weltkrieges kam er zur Welt. In »Abendlicht« erzählte er von seiner Kindheit und Jugend in Chemnitz und Berlin – auf eine Weise, die zunächst einen eigentümlichen Sog auslöst, dann aber kritische Fragen aufwirft. Edel fließt die Prosa über die Seiten, und edel ist das Ambiente, das sie schildert. In einem großbürgerlichen, bildungssatten und künstlerisch bewegten, von zahlreichem Personal in Betrieb gehaltenen Haus sei er groß geworden. »Wir hatten oft Gäste« – und was für welche: bedeutende Intellektuelle und Politiker sowie Künstler wie Lovis Corinth, Max Liebermann oder Wassily Kandinsky. Eine kostbare Sammlung an moderner Kunst habe der Vater aufgebaut. Wenn der Textilfabrikant erschöpft von der Arbeit kam oder später während der NS-Diktatur in Verzweiflung fiel, habe er zu Entspannung und Trost konzertreif Klavier gespielt.

Doch dann habe sein Leben eine Kehre genommen: »Mit dreizehn Jahren las ich zufällig das ›Kommunistische Manifest‹; es hatte später Folgen. Mich bestach daran der große poetische Stil, dann die Schlüssigkeit des Gesagten.« Sein politisches Interesse war erwacht. Er verließ das feudale Zuhause und mischte sich unter das einfache Volk, das auf der Straße zusammenkam, um zu diskutieren: Es waren »Arbeiter oder kleine Angestellte, sie interessierten sich kaum für das, was mich bisher interessiert hatte, ›die Künste‹, sie wussten nichts davon, aber ich fühlte, dass sie vieles kannten, was mir verborgen geblieben war«. Schließlich sei einer von diesen auf ihn zugekommen und habe ihn – mit 16 Jahren – für den kommunistischen Jugendverband geworben. Immer tiefer stieg er aus seinen bourgeoisen Höhen herab in das Leben des Proletariats: »Ich begegnete neuen Menschen, die mich einschüchterten; sie waren für mich voller Geheimnisse, wenn sie auch nur von alltäglichsten Dingen sprachen.« Langsam wurde er Teil einer für ihn neuartigen Gemeinschaft: »Wie schön waren diese Abende, auf die man sich schon lange vorher freute, die man kaum erwarten konnte, wo jeder jeden freudig begrüßte ... Ich war eine Weile ein Außenseiter gewesen; die Blicke, die mich trafen, waren misstrauisch oder ironisch. Dann hatte ich mich bewährt, es war die Zeit eines latenten Bürgerkriegs, und ich war SA-Leuten und Polizisten nicht aus dem Wege gegangen.«

Mit seinen Parteigenossen teilte er einen revolutionären Glauben. Die Sowjetunion erschien ihm als das Heilige Land, in dem das Paradies auf Erden Gestalt anzunehmen begann. Die große Hoffnung, dass die Weltrevolution am Ende siegen werde, gab ihm die Kraft, während der NS-Diktatur aus dem Untergrund Widerstand zu leisten. Als 1934 der sowjetische Politiker Sergei Mironowitsch Kirow ermordet wurde und der stalinistische Terror begann, kamen Hermlin keine Zweifel: »Dass die Erzfeinde des Kommunismus, die Nationalsozialisten, an dem Attentat als einem Teil einer geplanten totalen Zerstörung interessiert sein mussten, stand für mich bereits fest, ehe ich Kenntnis von Kommentaren erhielt, die nicht lange auf sich warten ließen. In den nächsten Tagen trafen Meldungen ein, die gesuchten Hintermänner seien verhaftet worden. Es handelte sich um alte Revolutionäre wie Sinowjew, Kamenjew und andere. Die Nennung dieser Namen rief äußerste Bestürzung hervor. Aber war nicht bekannt, dass jede Revolution Verräter hervorgebracht hatte, waren nicht oft genug einstige Führer von Revolutionen in Verrat verstrickt worden, dergestalt, dass eigentlich erst der Auftritt der Abtrünnigen die Revolution

als solche bestätigte? ... Stalins Blick war unbestechlich, er würde jeden entlarven, der unseren Weg bedrohte.«

Später konnte Hermlin sich nur darüber wundern, wie Deutsche erklärten, sie hätten vom NS-Terror nichts mitbekommen: »Ich gewöhnte mich daran, unter Wahnsinnigen zu leben. Mein Leben hindurch habe ich beobachten können, wie der Wahnsinn sich verbreitete, wie er auf andere Länder übergriff. Nur so war zu erklären, warum noch Jahrzehnte nach dem Kriege Tausende behaupten konnten, sie hätten von den faschistischen Untaten nichts gewusst. Wem nachdrücklich eingeredet wird, dass das, was er sieht, gar nicht existiere, weil, hielte er es für die Wahrheit, er an Leib und Seele Schaden nehmen müsse, der hat die Wahl zwischen Tod und dem Wahnsinn.« Die Frage, ob es sich mit Blick auf den stalinistischen Terror nicht ähnlich verhalten habe, hat sich Hermlin nie gestellt.

Nach dem Ende der DDR besuchte die westdeutsche Schriftstellerin Ruth Rehmann Stephan

Hermlin in Berlin. Sie war beeindruckt von seiner souveränen Erscheinung, der Eleganz seines »Abendlichts«, überhaupt seinem Lebensweg: »Seine Hinwendung zum Proletariat entsprang der Sehnsucht, die ›splendid isolation‹ seiner Klasse zu verlassen, um Gemeinsamkeit mit dem ganz anderen, dem Arbeiter zu finden.« Doch mischte sich in die Bewunderung bald eine gewisse Unruhe. In Hermlins großbürgerlichen Posen nahm sie Spuren von Kälte und Arroganz wahr. Schockiert war sie über seine Reaktion, als sie ihn auf den stalinistischen Terror ansprach: »Er hebt die Augenbrauen, als wollte er eine lästige Fliege vertreiben. Was wiegen die Stalinopfer gegen die Millionen Toten des Nazikrieges?«

Wenige Jahre später machte sich der Literaturkritiker Karl Corino, ein bedeutender westdeutscher Förderer dissidenter Literatur aus Ostdeutschland, daran, Hermlins Lebenserzählungen einer Prüfung zu unterziehen. Zufällig war er auf Unstimmigkeiten gestoßen und eher unfreiwillig zum Detektiv geworden. Schnell stellte er fest, dass viele Daten – zum Beispiel seiner Flucht in die Schweiz während des Zweiten Weltkriegs – nicht richtig sein konnten. Mehr noch, eine lange Liste von biografischen Angaben, und zwar keineswegs nur Details, waren schlichtweg falsch oder irreführend. Die jüdische Herkunft seiner Familie wurde von ihm heruntergespielt, die zionistische Prägung ganz unerwähnt gelassen, ihr Reichtum, ihre bürgerliche Größe dagegen maßlos übertrieben. Die Mutter stammte aus Galizien, die Familie des Vaters aus Rumänien. Die Textilfabrik und der Pelzgroßhandel waren eigentlich nur ein Betrieb zur Wiederverwertung von Lumpenresten. Schon Mitte der 1920er geriet die Firma in Schwierigkeiten, Teile der Kunstsammlung mussten verkauft werden. Einen Chauffeur konnte sich die Familie ebenso wenig leisten wie Erzieherinnen oder Hauslehrer. Rudolf/Stephan ging auf ein normales Gymnasium, das er vor dem Abitur verlassen musste. Diese Unwahrheiten folgten einer Strategie: »Man hat den Eindruck, als habe Hermlin den Reichtum seiner Eltern vor allem deshalb so ins Phantastische gesteigert und über das Verfallsdatum hinaus prolongiert, um seinen Absprung ›zum Kommunismus‹ desto imposanter zu machen, seine intellektuelle und politische Frühreife umso erstaunlicher.«

Corino erkannte in Hermlin einen »sozialistischen Grandseigneur«, der »sich systematisch eine Wunsch-Biographie gebastelt hatte«, auch, um seiner Parteileitung zu gefallen. So erfand er eine Widerstandstätigkeit in der NS-Diktatur, eine Teilnahme am spanischen Bürgerkrieg sowie an der französischen Résistance, wofür es keinerlei Belege gibt. Besonders übel stieß Corino auf, dass Hermlin behauptete, sein Vater sei in einem Konzentrationslager gestorben. In der Tat war dieser nach dem Pogrom am 9. November 1938 für einige Wochen in Sachsenhausen eingesperrt, danach aber entlassen worden. Hermlin jedoch machte daraus einen – fast kitschigen – Weg in den Tod: Im Konzentrationslager habe der Vater »der SS gegenüber bis zuletzt eine merkwürdige Haltung bewahrt, die Disziplin, Höflichkeit und Verachtung ausdrückte.« Das kann man gegenüber dem Vater und all den anderen Opfern als schamlos empfinden.

Hermlins Lebenslügen, so Corino, lassen sich nicht damit entschuldigen, dass sie eben »Literatur«, also unschuldige Erfindungen eines Künstlers, seien. Denn allzu offensichtlich folgten sie einer politischen Strategie und dienten dem persönlichen Fortkommen. Als sein »Abendlicht« 2015 neu herausgegeben wurde, erklärte der Lyriker und Kritiker Harald Hartung, dass die teilweise Unehrlichkeit das Buch im Ganzen beschädige: »Wo sich authentische und fiktive Erinnerungen mischen, geraten auch die authentischen Details ins Zwielicht.« Sollte man dieses einst beliebte Buch und seinen ehedem berühmten Autor also nicht lieber vergessen und zu den literaturgeschichtlichen Akten legen? Im Gegenteil, diese Lektüre lohnt sich immer noch, denn es handelt sich hier um einen exemplarischen Fall ideologisch verstrickter Literatur. Wer sich mit ihm auseinandersetzt, erfährt vielleicht weniger über Chemnitz, aber mehr über Karl-Marx-Stadt.

Caritas Führer
Unvergessliche Menschenfurcht

Hermann Hesses »Unterm Rad« oder Ödön von Horváths »Jugend ohne Gott« – die deutsche Literaturgeschichte kennt große, erschütternde Schulbücher. In diese Reihe gehört eine Novelle der 1957 im damaligen Karl-Marx-Stadt geborenen Caritas Führer. Sie umfasst nur neunzig großzügig gesetzte Seiten, hallt aber lange nach. Denn sie erzählt wahrhaftig und eindringlich davon, wie es Kindern aus christlichen Familien in den Schulen der DDR ergangen ist. Deshalb hätte »Die Montagangst« von Caritas Führer es verdient, überall in Deutschland in den Kanon der Schullektüre aufgenommen zu werden. Es gibt nicht viele Bücher mit solch einem treffenden Titel – »Montagsangst«. Denn die Angst, die die Kindheit und Jugend der Autorin bestimmte, hat einen Namen: »Sie heißt Montag.« Am Montag begann jede Woche von Neuem die Schule und damit das System der Angst. Beim Fahnenappell musste das Mädchen sich in die letzte Reihe stellen. Denn sie trug keine Pionierkleidung. Die Lieder konnte sie nicht mitsingen, beim obligatorischen Gruß »Für Frieden und Sozialismus seid bereit! – Immer bereit!« nicht mitmachen: »Wer den Pioniergruß nicht mitspricht, ist nicht für den Frieden. Das Kind will bereit sein für den Frieden. In der Christenlehre sind sie auch für den Frieden. Aber für den Sozialismus kann das Kind nicht sein.« Kinder wollen dazugehören. Sie können nur fröhlich und angstfrei aufwachsen, wenn sie wie selbstverständlich Teil der Gemeinschaft sind. Kinder möchten ihre Lehrerin gern haben. Doch wie soll das gehen, wenn es zur Arbeitsroutine von Lehrerinnen gehört, alle Kinder, die zur Christenlehre gehen, aufstehen und von der Klasse auslachen zu lassen.

Man wundert sich heute, welche Akribie und welchen Eifer der Direktor und die Lehrerinnen aufgewandt haben, einen Teil der ihnen anvertrauten Kinder fertigzumachen: »Es gibt keine Stelle in diesem Schulsystem, an der kein Loch wäre, und es gibt kein Loch, in das ich nicht hineinfallen könnte. Der Schulalltag ist voller Fallen, voller Fangfragen und Hinterhältigkeiten.« Die Schriftstellerin Helga Schubert hat die DDR eine »Diktatur der Gartenzwerge« genannt – es hat sich um emsige und hartleibige Zwerge gehandelt.

Die Kinder, die nicht in das Raster der sozialistischen, militarisierten Erziehung passten, waren gezwungen, viel zu früh viel zu große Entscheidungen zu treffen und deren Folgen zu tragen. Das ist eigentlich erst etwas für Erwachsene. Der Vater kann als Pfarrer für sich eine Richtung vorgeben. Kinder und Jugendlichen sollte dies noch nicht tun müssen. Wer kann es denen verdenken, die sich für die Jugendweihe anstelle der Konfirmation oder für Jugendweihe und Konfirmation entschieden? Der Vater urteilte streng: »Das sind Mitläufer, sagt mein Vater. Sie sind lau. Ich will nicht lau sein. Wenn ich konfirmiert werde, will ich heiß sein. Brennend. In mir das Bild vom breiten und dunklen und vom schmalen und hellen Weg. Ich will den schmalen Weg gehen. Schon weil auf dem breiten Weg die Massen laufen. Ich gehe nicht gern, wo alle sind.«

Widerstand war zwecklos. Zudem durften Pfarrerskinder sich nicht prügeln, ihren Widerspruch den Lehrern nicht ins Gesicht schreien, keinen Skandal machen. Ihr Widerstand hieß Leistung: Sie mussten die Besten sein, die Belesensten, die Musikalischsten, die Fleißigsten – und waren es in vielen Klassen. Genützt hat es ihnen nichts. Ohne die geforderte »gesellschaftliche Tätigkeit« durften sie nicht zur Kreisolympiade für Mathematik fahren oder beim Schulkonzert mitspielen. Natürlich durften sie als Klassenbeste auch kein Abitur machen und dann studieren. Das prägt: »Mein Vater war sein ganzes Leben im Widerstand. Auch ich bin im Widerstand. Ich kann nur leben, indem ich alles ablehne, was von außen kommt ... Ich misstraue

allem, was die Schule vorschlägt. Ich gehe davon aus, dass sie unbedingt mein Schlechtestes will.« Im Widerstand ist man einsam, gerade als Kind. Von den Mitschülerinnen erhält die Pfarrerstochter nur ganz selten, heimlich geflüstert, ein Signal der Anteilnahme. Denn die »Montagsangst« beherrscht auch die Angepassten. So muss sie allein ihren Kampf ausfechten. Zum Beispiel, als sie mit ihrer Klasse ins GST-Lager muss, also in die »vormilitärische Ausbildung« der »Gesellschaft für Sport und Technik«: »Ich habe deshalb Angst, weil ich weit weg bin von meinen Eltern und weil ich ganz allein widerstehen muss. Ich werde zum Sportlehrer gehen und sagen: Ich schieße nicht.« Und dies nicht nur einmal. Wer das länger durchgemacht hat, wie die große Schwester, ist gewiss, dass in diesem Staat kein eigenes Leben möglich ist: »Man müsste abhauen. Aber keiner kommt über die Grenze. Keiner. Die knallen alle ab. Wir werden nie über die Grenze kommen. Wir werden immer hierbleiben. Der Sozialismus siegt. Schließlich überall. Das ist gesetzmäßig.

Stell dir das vor, überall Sozialismus, von allen Seiten. Da möchte ich nicht mehr leben, sagt meine Schwester.«

Bevor die Sommerferien angstfreie Wochen bringen, muss der letzte Schultag überlebt werden: »Er ist der schlimmste aller Tage. Es ist der Tag der Demütigungen und Kränkungen, der Tag der Diskriminierung und Entwürdigung. Der Tag, an dem die Kinder in Pionieruniform aus dem Haus gehen. An dem mir der Bauch weh tut, weil ich Durchfall habe. An dem die Zeugnishefte mit ihren durchsichtigen Umschlägen auf dem Lehrerpult liegen, gestapelt. Auf den letzten Bankreihen sitzen Vertreter der Patenbrigade und des Elternbeirats. Meine Mutter ist nicht dabei. Sie ist im Elternbeirat nicht erwünscht.« Die Lehrerin lässt das Schuljahr Revue passieren, teilt Zeugnisse aus von schlecht bis gut, lobt die Zweit- und Drittbesten, weil sie sich vorbildlich-sozialistisch verhalten haben. Sie bekommen Urkunden, Blumen, Geschenke. Dann: »Das letzte Heft. Ich muss nach vorn. Zwar habe ich zensurenmäßig am besten abgeschnitten, aber es sei ja inzwischen bekannt, dass mein gesellschaftliches Engagement zu wünschen übrig ließe. Ich solle doch noch mal überdenken, ob ich nicht im nächsten Schuljahr Thälmannpionier werden wolle wie die anderen. Mit einer 2 im Gesamtverhalten könne ich natürlich keine Urkunde bekommen. Blumen und Geschenke? Nein, das nicht.« Dabei hatte sie so viel freiwillig für die Schule getan. Aber: »Das ist alles nichts wert, hat mir meine Lehrerin signalisiert: Ein sinnloses Schuljahr. Umsonst. Bin ich auch nichts wert?"

Von zwei unerhörten Begebenheiten erzählt Führer in ihrer Novelle, die erste ist tragisch. In einem Augenblick hilfloser Wut reißt das Mädchen einen verlogenen Artikel von der Wandzeitung, die ihre Klasse zur Abstimmung über die neue Verfassung gestaltet hat. Es kommt heraus: Direktor und Lehrerschaft erklären die Jugendliche zum Staatsfeind. Dann aber geschieht etwas Komisches. Diktaturen gebären eben die unglaublichsten Willkürlichkeiten. Das Mädchen wird in die Hauptstadt eingeladen und mit ihrer Großmutter wie ein Ehrengast empfangen. Denn für eine Zeichnung wurde ihr die indische Nehru-Award-Goldmedaille verliehen. Das ist für einen Moment märchenhaften Glücks, allerdings ein Moment ohne Folgen. So endet ihr Schulbuch mit dieser Szene: »Die letzte Schulstunde in der Klasse 10. Der Direktor steht am Pult und gibt zu jedem Schüler eine mündliche Einschätzung. Ich komme wieder fast als letzte dran. Dir werden deine guten Gaben nichts nützen, sagt er, wenn du nicht endlich kompromissbereit wirst. Du musst doch nach all diesen Jahren begreifen, dass deine Haltung dir nichts genützt hat. Wenn du in die FDJ eingetreten wärst wie alle deine Klassenkameraden, dann könntest du jetzt dein Abitur machen. So wirst du nur deinen Facharbeiter absolvieren, anstatt zu studieren. Es ist schade um ein Mädchen wie dich, aber du hast es nicht anders gewollt mit deinen verbohrten Ansichten. Du gehst genau den Weg, den du dir selbst gesucht hast.«

1973 hat Caritas Führer mit 16 Jahren die Schule verlassen und in der Porzellanmanufaktur Meißen den Beruf einer Bossiererin, einer Porzellangestalterin, erlernt. Später konnte sie ein Fernstudium am Leipziger Literaturinstitut »Johannes R. Becher« absolvieren. Mit ihrem Mann, einem Pfarrer, gründete sie eine Familie und arbeitet heute als Autorin, Seminarleiterin und Referentin. »Du gehst genau den Weg, den du dir selbst gesucht hast.« Ihre Antwort auf diese letzte Beleidigung eines Lehrers ist der Schlusssatz ihrer schmalen, großen Novelle: »Ohne aufzusehen, antworte ich, so laut ich kann: Ja, ich gehe genau den Weg, den ich mir selbst gesucht habe.« Das ist beeindruckend, man sollte aber nicht überlesen haben, was Führer einige Seiten vorher über die lebenslangen Folgen ihrer Schulerfahrungen schreibt: »Vielleicht daher noch Jahrzehnte später die Übelkeit beim Lesen von Leitartikeln in der Zeitung, die Mühe, öffentlichen Reden zu folgen, die Empfindlichkeit im Umgang mit dem deutschen Wort. Brechreiz beim Betreten einer Schule aus Anlass des Elternabends der eigenen Kinder.«

Stefan Heym
Utopische Fantasien und Legenden

Es klingt wie ein winziger Witz der Weltgeschichte. Nach dem Ende der NS-Diktatur wurde ein Landkreis im Erzgebirge nicht von den Siegermächten besetzt. Weder die Amerikaner noch die Sowjets übernahmen die Herrschaft im Kreis Schwarzenberg – westlich von Chemnitz und südlich von Zwickau gelegen – sowie in der kreisfreien Stadt Aue. Die Gründe dafür sind bis heute unklar. Gab es eine Kommunikationslücke zwischen den Alliierten, oder wurde diese Gegend schlicht vergessen? Eigentlich hätte dies Stoff für eine Komödie sein können, wenn nur die Umstände im Mai und Juni 1945 nicht so katastrophal gewesen wären. Der 1913 in Chemnitz geborene Stefan Heym hat die an diese Leerstelle geknüpfte Legende literarisch gestaltet. Sein Roman »Schwarzenberg« erzählt von einer kleinen, freien Republik, die sich im Windschatten der Mächte zu bilden versuchte und während eines herrschaftsfreien Moments von einem dritten Weg träumte. Zwanzig Jahre nach ihm, 2004, hat Volker Braun in seiner Erzählung »Das unbesetzte Gebiet« ebenfalls diesen Stoff verarbeitet.

Wie es im herrschaftsfreien Schwarzenberg aussah, lässt Heym einen seiner Protagonisten in einer Rede schildern: »... die Stadt Schwarzenberg samt näherer Umgebung, und allen Berichten zufolge der gesamte zugehörige Landkreis, [sei] vielleicht als einziger in Deutschland, nicht besetzt worden, weder von der Roten Armee noch von den Amerikanern, nur in Aue, das ja verwaltungsmäßig auch nicht zum Landkreis gehöre, hätten sich amerikanische Spähtrupps gezeigt, wären aber bald wieder abgerückt, so dass wir hier in Schwarzenberg, nachdem, wie im Rundfunk gemeldet, die Reichsregierung zu existieren aufgehört hätte, nun ohne Staat und Obrigkeit dastünden, dafür aber in unserem Niemandsland Tausende von fliehenden Wehrmachtsangehörigen und zivile Flüchtlinge aller Art und Herkunft vorfänden, dazu Kriegsgefangene, Fremdarbeiter und Vertriebene von da und dort, welche einschließlich der hier ansässigen Bevölkerung, sämtlich beköstigt und behaust werden wollten, von ärztlicher Versorgung ganz zu schweigen, und welche binnen kurzem zu rauben und plündern beginnen würden, ein allgemeines Chaos herbeiführend, mit Mord und Totschlag, verstärkt durch die zu erwartende Tätigkeit von Werwölfen und SS, wenn nicht wir Arbeiter das Nötige unternähmen, um unsere Betriebe und Gemeinden zu schützen und für Ordnung und Organisation zu sorgen.« Deshalb hätten sich antifaschistische Aktivisten zusammengetan, um die alten Machthaber zu vertreiben, die Herrschaft zu übernehmen, für Ordnung und Versorgung zu sorgen: sodass »… wir, durch unsere Vertreter, durch ein Komitee, einen Ausschuss, den wir ausstatteten mit unserer Macht, der Macht, die wir, das Volk von Schwarzenberg, die Arbeiter, die einzigen, die nach diesem Krieg ein Recht darauf hatten, in diesem Augenblick in unsere Hände nahmen und die, nach Lage der Dinge, zunächst eine bewaffnete sein musste, fähig und bereit, die Unterdrücker von gestern nun ihrerseits zu unterdrücken, im Namen der Gerechtigkeit, der Freiheit und der Zukunft.«

»Utopie« heißt übersetzt »Nicht-Ort«. In ihr nimmt das eine träumerische Gestalt an, was in der realen politischen Welt keinen Raum und keine Chance erhält. Für den nonkonformen Sozialisten Stefan Heym war dies in seinem Roman das Ideal eines demokratischen Sozialismus, dem er in seiner »Republik Schwarzenberg« erzählerisch eine Chance geben wollte. Dabei wird bereits anhand der Personalstaffage des Romans schnell klar, wie gering diese ist. Der Idealist und Utopist Max Wolfram, ein intellektueller Jude, der den Naziterror überlebt hat, beschwört das »Muster für ein Deutschland, das noch im Schoß der Zukunft« liegt: »unsere erfolgreiche

schwarzenbergische ›Revolution‹, so klein und schäbig sie auch erscheinen mag, ist immerhin ein Präzedenzfall und könnte als ein bescheidenes Beispiel für künftige Versuche dienen. … Wir wollen versuchen, hier etwas zu bauen, was es in Deutschland noch nie gegeben hat und wofür es auch in keinem anderen Land ein gültiges Modell gibt: Demokratie. Und es könnte gelingen, gerade weil wir mit nichts anfangen, Tabula rasa, wir allein, und ohne einen fremden Herrn, der uns über die Schulter sieht, um zu kontrollieren, ob wir's denn auch nach seinem Willen machen.«

Die Wirklichkeit sah anders aus. Heym hatte sich an eine Legende gehalten, die sich nach und nach selbst erfunden und verfestigt hatte, auch wenn er in der Zeichnung der Charaktere die sich anbahnenden Machtkonstellationen anhand des Kommunisten Reinsiepe und des sowjetischen Kapitäns Workutin holzschnittartig herausarbeitet. Aber er unterließ eigene kritische Recherchen, vermutlich, weil er selbst von einer derart unglaublich erscheinenden Unwirklichkeit träumte. Inzwischen aber ist die Episode des unbesetzten Schwarzenberg einigermaßen erforscht worden. Demnach ergibt sich folgendes Bild: Nach dem Zusammenbruch der NS-Diktatur übernahmen kommunistische Aktivisten die Macht in Schwarzenberg und schufen eine eigene politische Einheit – wie sich an dem hübschen Detail zeigt, dass es eigene Briefmarken gab, auf denen das Hitler-Porträt durch den Umriss der Burg von Schwarzenberg überdeckt wurde. Doch die neuen Herren waren keine harmlosen Idealisten. Sie folgten auch ohne sowjetische Hilfe dem erprobten bolschewistischen Drehbuch: Die politische Konkurrenz wurde ausgeschaltet; willkürlich wurden Menschen als angebliche Faschisten verhaftet; Eigentum, besonders Lebensmittel, wurde widerrechtlich eingezogen; ein Spitzelwesen wurde eingerichtet. Die genauen Ausmaße dieses Terrors lassen sich aufgrund der dürftigen Quellenlage nicht angeben. Aber man schätzt, dass es zu fast vierhundert Verhaftungen kam, ungefähr siebzig davon waren Jugendliche. Kommunistische Repression und »kleinbürgerliches Strebertum, Eitelkeiten, Neid, eigene Unsicherheiten, gewitterte Erfolgsaussichten« ergaben eine unselige Mischung. Den unschuldigen, liebenswerten, humanen deutschen Sozialismus zwischen den Blöcken, den Heym sich wünschte, hat es in Schwarzenberg nicht gegeben.

Heyms Roman ist ein Ambivalenz hervorrufendes Zeitdokument. Er erzählt vermeintlich dokumentarisch und bringt eine Idee ins Spiel, die, noch ehe sie auch nur ansatzweise zur Lebensrealität ihrer Protagonisten wird, zerrinnt. Die Utopie bleibt Fantasie. Eine Diktatur ersetzt die nächste. Das ist vorhersehbar und macht die Lektüre zu einer bitteren Angelegenheit mit Gleichnischarakter. Interessant bleibt der Roman bis heute deshalb, weil er eine Sehnsucht der späten DDR abbildet. Er steht wie sein Autor für die Hoffnung vieler Linker in Ost- wie Westdeutschland auf einem guten Sozialismus. Das zeigt sich besonders, wenn Heym seinen von Hegel geprägten Verantwortlichen im Aktionsausschuss eine Verfassung der »Republik Schwarzenberg« entwerfen lässt. »Alle Staatsgewalt geht vom Volke aus.« So lautet der erste Satz. Welches Volk ist hier gemeint? Wie bestimmt man das Volk und regelt man seine Macht? Ist das liberale Modell einer repräsentativen Demokratie besser oder die Diktatur des Proletariats nach sowjetischem Vorbild? Das wird nicht entschieden. Überhaupt versucht diese Verfassung, für Schwarzenberg liberale und sozialistische Elemente auf eine Weise zu verbinden, die sympathisch wirkt, aber unklar bleibt. Einerseits heißt es: »Es gibt keine Privilegien. Die im öffentlichen Dienst stehenden Bürger begreifen sich als Diener des Volkes und ihre Entschädigung übertrifft in keinem Falle die Löhne der in der Produktion stehenden Arbeiter.« Und: »Die Wirtschaft der Republik dient der sozialen Gerechtigkeit, ohne die alle Rechte und Freiheiten illusorisch sind.« Sowie: »Alle Banken, Bergwerke, Hütten sowie Großbetriebe in Industrie und Handel werden Gemeineigentum. Landwirtschaftliche Großbetriebe gehen ebenfalls in Gemeineigentum über.« Andererseits stehen neben diesen sozialistischen Ideen klassisch liberale Prinzipien: »Das Volk ist der Gesetzgeber, vertreten durch seine in freier, allgemeiner und geheimer Wahl gewählten Deputierten.« Und: »Die Bürger der Republik sind vor dem Gesetz gleich.« Sowie: »Jeder hat das Recht, sich mit anderen zur Förderung legitimer Interessen zu vereinigen. Es steht jedem frei zu reisen, wohin er will, sich niederzulassen, wo er will, auszuwandern, wann er will.« Schließlich: »Gedankenfreiheit, das Recht auf freie Meinung sind in der Republik Schwarzenberg gewährleistet. Eine Pressezensur findet nicht statt.«

Die Machthaber der DDR hielten das – wen wundert's bei dem Offenbarungseid im »Nachspiel« – für gefährlich und verboten den Roman. Er konnte 1984 nur jenseits der Mauer in der Bundesrepublik erscheinen. Nach der Wiedervereinigung versuchten einige PDS-Politiker und Kunstaktivisten die Legende für politische und touristische Zwecke wiederzubeleben. Geblieben ist davon eine Kunst- und Kulturkneipe »Zur Freien Republik Schwarzenberg« und seit 2024 die Installation »42 Tage« von Bettina Pousttchi.S.10

Streifzüge rund um Chemnitz

Raum in der Enge

In der Gegend rund um Chemnitz – im mittelsächsischen Hügelland zwischen Zwickauer und Freiberger Mulde bis hinein in das Erzgebirge – eröffnet sich eine Fülle an Reizen – sowohl landschaftlich als auch kulturell. Obschon dicht besiedelt und in den Tälern oder auf den Bergen notwendigerweise eng bebaut, prägen weithin sichtbare, bewaldete Höhenzüge, dazwischen urbar gemachte Felder und auengleiche, von Bächen durchzogene Wiesen das Bild eines lebendigen und geschichtsträchtigen Landstrichs, den zu erkunden auf verschiedene Art und Weise lohnt. Anhand der Bauten lassen sich besondere Epochen und Blütezeiten ablesen, in denen Arbeit und Wohlstand hier Menschen heimisch werden ließen. Das hängt insbesondere mit dem Bergbau, der Metall- und Textilindustrie zusammen.

Auffällig sind die ausgesucht schönen Dorf- und Kleinstadtkirchen spätgotischen und barocken Ursprungs wie etwa die Salvatorkirche Weißbach,[S.86] die Wehrkirche in Großrückerswalde[S.94] oder die Stadtkirche St. Marien in Mittweida mit ihrem Altar von 1661, den im Mittelschrein eine von salomonischen Säulen flankierte Ecce-homo-Figur schmückt.[S.72] Wirklich besonders ist die Gegend aber wegen ihrer hier einmaligen klassizistischen und historistischen Saalbauten wie der St.-Nicolai-Kirche in Grünhain-Beierfeld,[S.60] der Johanniskirche in Lößnitz[S.88] oder der Marienkirche in Gersdorf.[S.90] Sie spiegeln in ihrer Größe nicht nur einen heute schier unglaublich scheinenden Bedarf, sondern zeugen in ihrem repräsentativen Gestus auch von einer Bauidee, die sich ganz den Idealen der Antike und der Romantik verschreibt und sich deutlich von der Lebenswirklichkeit abhebt, die die gedrungenen Häuser der Bevölkerung spiegeln. Dieser Epoche folgt während der Zeit der Industrialisierung die sehr präsente Neogotik wie beispielsweise in Hainichen.[S.74] Besonders eindrücklich schließlich zeigt sich der Jugendstil – zum Beispiel in der Trinitatiskirche in Wiesa (1903/04), nördlich von Annaberg-Buchholz, oder in der Trinitatiskirche in Tragnitz.[S.96] Hier offenbart sich im letzten Jahrzehnt vor dem Ersten Weltkrieg, der den endgültigen Riss im gemeinsamen, künstlerisch-epochalen Empfinden markiert, letztmalig die Sehnsucht nach einer symbolstarken, neuen Sprache der Schönheit in der Kunst. St. Trinitatis Wiesa zählt mit seiner Ausmalung von Paul Perks (1879–1939) zu den besonderen Beispielen dafür.

Die klassische Moderne schließlich wartet noch einmal ganz anders auf – unter anderem in Freiberg[S.109] mit einem ästhetisch ansprechenden Hochhaus von 1928 als Eckenbebauung an der Bahnhofstraße zur Langen Straße nach Plänen des Stadtbaurats Georg Salzmann (1891–1985). Es ist ein sich über verschiedene Höhen definierender, flachgedeckter, kubischer Baukörper, dessen einfache Fassade durch Balkone strukturiert ist und sich in seiner Zeitlosigkeit geschickt in die Gesamtsilhouette einfügt. In Zwickau[S.101] ist bauhäusliche Klarheit im Gewand des Backsteinexpressionismus präsent. Hier befindet sich in der Seminarstraße die 1927 bis 1929 nach Plänen von Stadtbaudirektor Paul Bock (gestorben 1977) errichtete Pestalozzischule – eine u-förmig errichtete Anlage, die mit einem die Funktion des Baus aufgreifenden Giebelrelief von Rudolf Born (1882–1969) aufwartet und ein eindrückliches Farbkonzept aufweist, das auf den tschechisch-deutschen Bauhausschüler und Fotografen Heinrich Koch (1896–1934) zurückgeht. Der Bau wurde seinerzeit als genauso vorbildhaft gefeiert wie die Vorzeigeschule gleichen Namens von Martin Elsaesser (1884–1957) in Frankfurt-Seckbach (1925/26). In der Theaterstraße in Mittweida steht eine besondere Filmbühne, der Werner Retzlaff (1890–1960) als Kino und Theaterhaus 1928 seine expressionistische Gestalt mit dem backsteinsichtigen Foyer und dem markanten, zinnenartigen Dachabschluss gab.[S.49]

Expressionismus als Stilform der weiten Welt – die Filmbühne in Mittweida (1928) von Werner Retzlaff (1890–1960), der auch das Stadthaus in Hainichen (1925–27) S. 74 entwarf

St.-Jakobi-Kirche in Stollberg (1440, 1659, 1840, 1878);
Innenhof des ehemaligen DDR-Frauengefängnisses Hoheneck, oberhalb der Stadt

Stollberg/ Erzgebirge – Edeltraut Eckert und Ulrich Schacht
Schloss und Riegel

Über der kleinen, freundlichen Stadt Stollberg erhebt sich ein Berg, und darauf befindet sich ein Schloss. Was aus der Ferne märchenhaft wirkt, entpuppt sich aus der Nähe betrachtet als Gefängnisburg. Viele wissen in Deutschland, welches Grauen sich im Stasigefängnis Bautzen oder in Jugendwerkhöfen wie dem in Torgau zugetragen hat. Aber »Hoheneck« löst bei vielen Westdeutschen immer noch nichts aus. Dabei ist damit ein schrecklicher Ort der Gewalt gegen Frauen bezeichnet. Haben Frauen weniger Recht auf Gedenken? Handelte es sich hier in Stollberg um Opfer zweiter Klasse? Wie wichtig ist es, dass die Gedenkstätte Hoheneck endlich einen Einblick in diesen Ort der Demütigung und des Leides gibt und DDR-Unrecht in seiner Grausamkeit sichtbar bleibt. Und wie gut, dass in der St.-Jakobi-Kirche regelmäßig Gedenkgottesdienste gefeiert werden. Lesend konnte man sich schon früher über die Frauengeschichten dieses Ortes informieren und von ihnen berühren lassen.

Was 1862 als »Königlich-Sächsisches Weiberzuchthaus« begann, wurde nach 1945 zu einer Einrichtung des Terrors gegen Frauen, die für abweichende politische Auffassungen oder den schlichten Wunsch nach Freiheit bestraft werden sollten – mal mit Gründen, mal willkürlich. Ziel war die Entmenschlichung von echten oder eingebildeten Gegnerinnen zunächst der sowjetischen Besatzung, dann der zweiten deutschen Diktatur. Zwar stand auf einer Tafel am Eingang: »Der Inhalt und die Gestaltung des Vollzugsprozesses wird durch das Humane des sozialistischen Staates bestimmt.« Die Wirklichkeit sah inhuman aus. Das Gefängnis war massiv überbelegt und unterversorgt. Es war eng, laut, kalt und feucht. Die hygienischen Bedingungen waren katastrophal. Schmutz, Gestank und Ekel. Die Nahrungsversorgung war mies. Mangel und Hunger. Die medizinische Versorgung blieb minimal. Wächterinnen schrien und schlugen. Für geringste Abweichungen wurden härteste Arreststrafen verhängt. Kriminelle Frauen wurden als Kapos eingesetzt, um die Politischen zu drangsalieren. Unablässig wurde man zur Arbeit getrieben, für die man einen Sklavenlohn erhielt. Privatsphäre wurde nicht gegönnt, persönlicher Besitz fand nur unter dem Kopfkissen Platz. Das, was für die Gefangenen besonders kostbar war, nämlich Briefe, Pakete und Besuche von Verwandten oder Freunden, wurde als Mittel zur Erpressung eingesetzt und nach Gutdünken gewährt oder verwehrt. Einmal, im Oktober 1953, traten die Frauen in einen Hungerstreik. Das System geriet kurz ins Stottern, dann ging der Betrieb der »Zersetzung« weiter.

In dieser Unwelt wurden anfangs Kinder geboren, wuchsen Kleinkinder auf. Eines von ihnen sollte zum Chronisten von Hoheneck werden: der Schriftsteller Ulrich Schacht, geboren am 9. März 1951. Seine Mutter, Wendelgard Trampota, hatte sich in einen russischen Offizier, Wladimir Jegorowitsch Fedotow, verliebt. 1947 kam ihre gemeinsame Tochter Dolores zur Welt. Ein Heiratsgesuch wurde abgelehnt. Als Trampota zum zweiten Mal schwanger wurde, planten beide eine Flucht in den Westen. Eine Freundin verriet sie. Sie wurden im August 1950 verhaftet, Fedotow zurück in die Sowjetunion kommandiert, Trampota über verschiedene Stationen nach Hoheneck gebracht. Dort sollte sie eine Haftstrafe von zehn Jahren wegen Verleitung zum Hochverrat ableisten. Schwer erkrankt wurde sie im Januar 1954 vorzeitig entlassen. Den Vater ihrer beiden Kinder sah sie nie wieder. Ulrich konnte seinen Vater mit

Glück 1999 ausfindig machen und in Russland besuchen. In Hoheneck wurde die Hochschwangere in einem Raum mit fünfzig kranken, alten und bettlägerigen Frauen einquartiert. Sie brachte ein gesundes Kind zur Welt, aber die Zustände waren für sie und die anderen Mütter mit ihren Säuglingen unerträglich. Es fehlte an Hygiene, Kleidung, Betten, kindgerechter Ernährung, an allem. Diese Missstände wurden von der Gefängnisleitung auf brutale Weise behoben. Trampota erinnerte sich so: »Am 6. Juni 1951 dann kam ein schlimmer Tag für uns Mütter. Unsere Kinder wurden uns weggenommen und mit dem Auto fortgebracht. Wohin? Wir wussten es nicht! In meiner Ohnmacht, nichts dagegen tun zu können, konnte ich nur immer wieder schreien: ›Ihr Schweine! Ihr nehmt uns unsere Kinder weg!‹ Ich schrie, bis ich zusammenbrach.« Es dauerte eine unerträgliche Zeit, bis die Mütter erfuhren, in welche Heime ihre Kinder verschleppt worden waren.

Bemerkenswert ist, wie sich die Frauen ihrer Entmenschlichung widersetzten. Die Kunst und der Glaube spielten dabei eine besondere Rolle, wie Trampota am Beispiel des Gottesdienstes am Reformationstag 1951 erzählte. »Die Orgel schwieg, der Segen war gesprochen, der Gottesdienst zu Ende. Wir erhoben uns, das Wachpersonal schloss bereits die Türen auf – aber wir gingen nicht! Stattdessen erscholl, ohne Orgel, aus gut eintausend Kehlen: ›Ein feste Burg ist unser Gott,/ein gute Wehr und Waffen./Er hilft uns frei aus aller Not,/die uns jetzt hat betroffen. …‹ Das Wachpersonal war so schockiert, dass es nicht mal eingriff. Und die dritte Strophe – ›Und wenn die Welt voll Teufel wär/und wollt uns gar verschlingen,/so fürchten wir uns nicht zu sehr,/es soll uns doch gelingen. …‹ – wurde mit so einer elementaren Kraft gesungen, dass die Aufseherinnen zum Teil regelrecht erblassten, sich umdrehten und aus dem Fenster starrten. Das Lied wurde bis zum letzten Vers gesungen, und dann ging alles diszipliniert in die Zellen zurück.« Auch wenn Ulrich Schacht sich später natürlich nicht an seine ersten Lebensmonate erinnerte, ist sein weiteres Leben und Schreiben nicht ohne Hoheneck zu begreifen. Dass er später nicht nur ein anerkannter Lyriker und engagierter Christ, sondern auch ein umstrittener rechtskonservativer Aktivist wurde, mag vor diesem Hintergrund anders zu betrachten sein. Die meisten seiner Artikel und Aufsätze sind inzwischen verwelkt. Aber die von ihm schon 1984 herausgegebenen »Hohenecker Protokolle« sind noch immer lesenswert. Aus diesem, seinem vielleicht wichtigsten Buch erfährt man, dass der Schrecken in Hoheneck – die schlimme Unterbringung, das wenige und schlechte Essen, der Drill und die Strafen, die Gewalt und die Zwangsarbeit – nicht mit dem Stalinismus aufhörte, sondern bis zum Ende der DDR fortdauerte. In den 1960er- bis 1980er-Jahren mussten vor allem Frauen leiden, die versucht hatten, das Land zu verlassen. Eine von ihnen war die spätere Ehefrau von Schacht – nicht nur seine Mutter, auch seine Frau hatte in Hoheneck einsitzen müssen. Carola Schacht war 1975 wegen des – unbegründeten – Verdachts auf »Republikflucht« festgenommen worden. Zweieinhalb Jahre in Hoheneck musste sie durchstehen, bis sie endlich in die Bundesrepublik ausreisen konnte. Will man das System Hoheneck in seiner Tiefe verstehen, hilft ein Hinweis des Kurators Alexander Ochs. In seiner Beschäftigung mit der Geschichte des Gefängnisses war ihm aufgefallen, dass am Anfang ihres Leidensweges für sehr viele Frauen Freundschaft und Liebe standen: Mit Freundinnen und Freunden hatten sie über Politik gesprochen, sich über Ungerechtigkeiten empört oder gar Protestaktionen durchgeführt; um der Liebe willen hatten sie die Flucht in die Freiheit geplant. Diese Begabung der Gefangenen zu Freundschaft und Liebe konnte die Gewalt nicht vollständig auslöschen. Davon zeugen die Verse, die im Gefängnis verfasst wurden. Zum Beispiel ein anonymes Gedicht, das an den Suizid der Gefangenen Jutta Erbstösser am 11. Februar 1952 erinnert:

Es ist schon lange, lange her …
Du warst so grenzenlos allein.
Die Not war so unsagbar schwer
und sinnlos schien das Sein.

1840 neu gestalteter Kanzelaltar in der St.-Jakobi-Kirche;
Bücher der Kinder aus Hoheneck: Ulrich Schacht (1951–2018) und Edeltraut Eckert (1930–55)

Du warst zum Sterben ganz bereit,
sahst still gelassen in dein Grab,
und wie ein unbrauchbares Kleid
fiel unsere Liebe von dir ab

Denn hoch bis zu den Sternen reicht
das Leid, das du durchlitten.
Der Kampf ist ausgestritten.
Die Erde sei Dir leicht.

Die wohl begabteste Gefangene war Edeltraut Eckert. 1950 hatte die Zwanzigjährige mit Freunden regimekritische Flugblätter transportiert. Sie war katholisch geprägt und von einem großen Freiheitswunsch erfüllt. Dies zeigt ein Satz aus ihrem Antrag auf die Zulassung zum Pädagogikstudium: Eine gute Lehrerin solle »die Erziehung zur uneingeschränkten Entfaltung und freien Meinungsäußerung des jungen Menschen« fördern und »nicht, ihm eine bestimmte politische Richtung aufdrängen«. Von ihrer Zimmerwirtin denunziert, wurde sie vor ein sowjetisches Militärtribunal gestellt und zu 25 Jahren Arbeitslager verurteilt. Nach einer langen Haftzeit in Waldheim wurde sie 1954 nach Hoheneck verlegt. Dass ihre Strafe herabgesetzt wurde, half ihr nicht. Bevor sie 1958 hätte entlassen werden können, fiel sie 1955 – wenige Tage nach ihren 25. Geburtstag – einem Arbeitsunfall zum Opfer und damit dem System: Der Arbeitsdruck war zu hoch, die Arbeitssicherheit zu niedrig, die medizinische Behandlung wurde verzögert und blieb mangelhaft. Sie starb einen überaus schmerzerfüllten und einsamen Tod. Ihr Leichnam wurde eingeäschert und heimlich beigesetzt, die Familie nachträglich und mit größtmöglicher Kälte informiert.

Immer schon hatte Edeltraut Eckert geschrieben, gedichtet und komponiert. In Waldheim war ihr für kurze Zeit erlaubt worden, ihre Gedichte in ein Heft einzutragen. In Hoheneck wurde ihr dies gleich wieder verboten. Dennoch hat sie auch hier weiter geschrieben. Damit behauptete sie sich selbst, die eigene Stimme, ihre Seele. Ihre Gedichte sind liedhaft und romantisch, widmen sich traditionellen Motiven wie den Jahreszeiten, der Nacht, Träumen, Liebe und Suche nach Glück, dem Sinn des Lebens und dem Tod. Man spürt beim Lesen einen feinen Sinn für Rhythmus und Reim, Melodie und Metapher, auch wenn vieles wenig originell oder modern erscheinen mag. Man fragt sich, was für eine Autorin aus Eckert hätte werden können, wenn sie in Freiheit gelebt, die Literatur ihrer Zeit gelesen und sich mit anderen Autorinnen ausgetauscht hätte. Doch wichtiger als ein literaturgeschichtliches Urteil ist die Menschlichkeit, die sich in diesen Versen ausspricht und gegen das unmenschliche System Hoheneck behauptet.

Deshalb waren ihre Gedichte nicht nur für sie selbst überlebenswichtig, sondern auch für ihre Mitgefangenen, die einige von ihnen aufschrieben, auswendig lernten, gemeinsam aufsagten oder sangen. Auffällig ist, dass in Eckerts Versen die unmittelbare Gegenwart nicht vorkommt: »Der harschen, puren Knast-Existenz, der sie täglich real ausgesetzt ist, verwehrt sie den Eingang ins Gedicht« (Ines Geipel). Denn dieses soll – ähnlich einem Gebet – höchstpersönlicher Schutz- und Imaginationsraum sein, in dem das Böse keinen Platz und keine Macht hat. Doch lässt sich nicht übersehen, wie die Verse mit der Zeit dunkler werden. Zum Beispiel in »Ach, daß …« (20. Dezember 1953):

Ach, daß ich einmal sagen könnte:
  ich glaub an mich;
Ach, daß ich einmal fühlen dürfte:
  ich liebe dich;
Ach, daß ich einmal hoffen wollte:
  es kommt ein Licht;
Ach, daß ich einmal lernen sollte:
  aus dem Verzicht;
Ach, daß ich einmal wissen würde:
  ein Freund zu sein;
Ach, daß ich nicht mehr glauben müßte:
  ich bin allein!
Ach, daß im Dämmerdunkel gar kein Stern,
  kein Weg sich zeigt.
Ach, daß die Seele irrend sucht
  Und schweigt – und schweigt …

Hohenstein-Ernstthal und Karl May
Im hintersten, kalten Schattenwinkel

Manchmal ist das Leben so hart, dass nur die Fantasie einen Ausweg bietet. Aber auch die Fantasie muss erst für sich eine rettende Richtung finden. Die Welt, in der Karl May aufwuchs, war von bitterster Armut geprägt. Wer über sein Erzgebirge liest, denkt unwillkürlich an das London von Charles Dickens. Da kann es nicht wundern, dass Karl May von früh auf versuchte, sich aus seinem Elend hinauszuträumen. Doch das sollte ihn zunächst nur noch tiefer in die Not führen. Als junger Mann beging er einige Diebstähle und Betrügereien, eigentlich harmlos-versponnene Hochstapeleien, bei denen kein größerer Schaden entstand, fast komische Bagatelldelikte, für die er jedoch bitter büßen sollte. Reist man heute durch das Erzgebirge, wird einem in mehreren Orten sofort mit einem gewissen Lokalstolz erzählt: »Bei uns saß Karl May im Gefängnis!« So kann man es in Zwickau, Tetschen, Mittweida, Waldheim, Hohenstein und Chemnitz erleben. Doch dann, und das ist das Wunder seines Lebens, gelang es ihm, sich aus seinem Scheitern hinauszuschreiben – mit einer staunenswerten Fülle an modernen Märchen.

»Ich bin ein Lieblingskind der Not, der Sorge, des Kummers. Mein Vater war ein armer Weber. Meine Großväter waren beide tödlich verunglückt. Der Vater meiner Mutter daheim, der Vater meines Vaters aber im Walde. Er war zu Weihnacht nach dem Nachbardorf gegangen, um Brot zu holen. Die Nacht überraschte ihn. Er kam im tiefen Schneegestöber vom Wege ab und stürzte in die damals steile Schlucht des ›Krähenholzes‹, aus der er sich nicht herausarbeiten konnte. Seine Spuren wurden verweht. Man suchte lange Zeit vergeblich nach ihm. Erst als der Schnee verschwunden war, fand man seine Leiche und auch die Brote. Überhaupt ist Weihnachten für mich und die Meinen sehr oft keine frohe, sondern eine verhängnisvolle Zeit gewesen ... Großmutter hatte mit ihren beiden Kindern an den Christtagen nichts zu essen und erfuhr erst nach langer Zeit der Qual, dass und in welch schrecklicher Weise sie den geliebten Mann verloren hatte.«

||| Der Karawanenwürger + Scepter und Hammer + Im fernen Westen + Der Waldläufer + Die Juweleninsel + Der Sohn des Bärenjägers + Der Geist der Llano estakata + Kong-Kheou, das Ehrenwort + Der Schatz im Silbersee + Das Vermächtnis des Inka ...

»Geboren wurde ich am 25. Februar 1842 in dem damals sehr ärmlichen und kleinen, erzgebirgischen Weberstädtchen Ernstthal, welches jetzt mit dem etwas größeren Hohenstein verbunden ist. Wir waren neun Personen: mein Vater, meine Mutter, die beiden Großmütter, vier Schwestern und ich, der einzige Knabe. ›Neun Geschwister waren früh verstorben, an Unterernährung, mangelnder Hygiene und fehlender ärztlicher Versorgung.‹ Die Mutter meiner Mutter scheuerte für die Leute und spann Watte. Es kam vor, dass sie sich mehr als 25 Pfennige pro Tag verdiente. Da wurde sie splendid und verteilte zwei Dreierbrötchen, die nur vier Pfennige kosteten, weil sie äußerst hart und altbacken, oft auch schimmelig waren, unter uns fünf Kindern. Sie war eine gute, fleißige, schweigsame Frau, die niemals klagte. Sie starb, wie man sagte, aus Altersschwäche. Die eigentliche Ursache ihres Todes aber war wohl das, was man gegenwärtig als ›Unterernährung‹ zu bezeichnen pflegt.«

||| Der Oelprinz + Der schwarze Mustang + Durch Wüste und Harem + Durchs wilde Kurdistan +

Von Bagdad nach Stambul + In den Schluchten des Balkan + Durch das Land der Skipetaren + Der Schut + Winnetou I + Winnetou II + Winnetou III ...

»Meine Mutter war eine Märtyrerin, eine Heilige, immer still, unendlich fleißig, trotz unserer eigenen Armut stets opferbereit für andere vielleicht noch ärmere Leute. Nie, niemals habe ich ein ungutes Wort aus ihrem Mund gehört. Sie war ein Segen für jeden, mit dem sie verkehrte, vor allen Dingen ein Segen für uns, ihre Kinder. Sie konnte noch so schwer leiden, kein Mensch erfuhr davon ... Mein Vater war ein Mensch mit zwei Seelen. Die eine Seele unendlich weich, die andere tyrannisch, voll Übermaß im Zorn, unfähig, sich zu beherrschen. Er besaß hervorragende Talente, die aber alle unentwickelt geblieben waren, der großen Armut wegen. Er hatte nie eine Schule besucht, doch aus eigenem Fleiße fließend lesen und sehr gut schreiben gelernt. Vater war gern fleißig, doch befand sich sein Fleiß stets in Eile. Wozu ein anderer Weber vierzehn Stunden brauchte, dazu braucht er nur zehn; die übrigen verwendete er dann zu Dingen, die ihm lieber waren. Während dieser zehn angestrengten Stunden war nicht mit ihm auszukommen; alles hatte zu schweigen; niemand durfte sich regen. Da waren wir stets in Angst, ihn zu erzürnen. Dann wehe uns! Am Webstuhl hing ein dreifach geflochtener Strick, der blaue Striemen hinterließ, und hinter dem Ofen steckte der wohlbekannte ›birkene Hans‹, vor dem wir Kinder uns besonders scheuten.«

||| Orangen und Datteln + Am Stillen Ocean + Am Rio de la Plata + In den Cordilleren + Old Surehand I + Old Surehand II + Im Lande des Mahdi I + Im Lande des Mahdi II + Im Lande des Mahdi III + Old Surehand III ...

»Nun zu der Person, die in seelischer Beziehung den tiefsten und größten Einfluss auf meine Entwicklung ausgeübt hat. Die Mutter meines Vaters war ein ganz eigenartiges, tiefgründiges, edles und fast möchte ich sagen, geheimnisvolles Wesen. Sie war in der tiefsten Not geboren und im tiefsten Leid ausgewachsen; darum sah sie Alles mit hoffenden, sich nach Erlösung sehnenden Augen an. Sie war die Tochter bitter armer Leute, hatte die Mutter früh verloren und einen Vater zu ernähren, der weder stehen noch liegen konnte und bis zu seinem Tode viele Jahre lang an einen alten, ledernen Lehnstuhl gefesselt und gebunden war ... Großmutter kannte viele Märchen. Sie erzählte sie gewöhnlich wörtlich gleichlautend; aber in gewissen Fällen, in denen sie es für nötig hielt, nahm sie Änderungen und Anwendungen vor, aus denen zu ersehen war, dass sie den Geist dessen, was sie erzählte, sehr wohl kannte und ihn genau wirken ließ. Ihr Lieblingsmärchen war das Märchen Sitara; es wurde später auch das meinige ... Großmutter erzählte nicht eigentlich, sondern sie schuf; sie zeichnete; sie malte; sie formte. Jeder, auch der widerstrebendste Stoff gewann Gestalt und Kolorit auf ihren Lippen. Und wenn zwanzig ihr zuhörten, so hatte jeder einzelne von den zwanzig den Eindruck, dass sie das, was sie erzählte, ganz nur für ihn allein erzähle.

Karl-May-Haus mit Erweiterungsbau (2022) von Raum und Bau, Dresden; Ausstellungsraum mit Hörinsel und verschiedenen Buchausgaben

Stadtkirche St. Christophori (1756/57, 1792/93, 1888/89) von Johann Gottlieb Ohndorff (1702–73) mit einem Christophorus-Chorwand-Relief (1985) von Friedrich Press (1904–90)

Und das haftete; das blieb ... Mochte sie aus der Bibel oder aus ihrer reichen Märchenwelt berichten, stets ergab sich am Schluss der innige Zusammenhang zwischen Himmel und Erde, der Sieg des Guten über das Böse und die Mahnung, dass alles auf Erden nur ein Gleichnis sei, weil der Ursprung aller Wahrheit nicht im niedrigen, sondern nur ihm höheren Leben liege.«

||| Satan und Ischariot I + Satan und Ischariot II + Satan und Ischariot III + Auf fremden Pfaden + Weihnacht! + Im Reiche des silbernen Löwen I + Im Reiche des silbernen Löwen II + Am Jenseits + Die Rose von Kaïrwan + Im Reiche des silbernen Löwen III + Im Reiche des silbernen Löwen IV ...

Als Karl zwölf Jahre alt war, musste er in einer Schankwirtschaft als Kegelaufsetzer arbeiten. Das war kein guter Ort für Kinder, öffnete ihm aber das Tor zur Trivialliteratur, die seine Welt werden sollte:

»Es gab in dieser Schankwirtschaft ein noch viel schlimmeres Gift als Bier und Branntwein und ähnliche böse Sachen, nämlich eine Leihbibliothek. Niemals habe ich eine so schmutzige, innerlich und äußerlich geradezu ruppige, äußerst gefährliche Büchersammlung, wie dies war, nochmals gesehen! Sie rentierte sich außerordentlich, denn sie war die einzige, die es in den beiden Städtchen gab. Was für ein Teufel in diesen Bänden steckte, mögen einige Titel zeigen: Rinaldo Rinaldini, der Räuberhauptmann. Sallo Sallini, der edle Räuberhauptmann. Himo Himlini, der wohltätige Räuberhauptmann. Die Räuberhöhle auf dem Monte Viso. Bellini, der bewunderswürdige Bandit. Die schöne Räuberbraut oder das Opfer des ungerechten Richters. Der Hungerturm oder die Grausamkeit der Gesetze. Bruno von Löweneck, der Pfaffenvertilger. Hans von Hunsrück oder der Raubritter als Beschützer der Armen. Emilia, die eingemauerte Nonne. Botho von Tollenfels, der Retter der Unschuldigen. Die Braut am Hochgericht. Der König als Mörder. Die Sünden des Erzbischofs ...«

||| Und Friede auf Erden! + Babel und Bibel + Ardistan und Dschinnistan I + Ardistan und Dschinnistan II + Winnetou IV + Sitara, das Land der Menschheitsseele + Empor ins Reich der Edelmenschen |||

Diese letzten Buchtitel zeigen an, dass es Karl May immer ernster wurde, je älter er wurde. Davon zeugt besonders ein Glaubensbekenntnis, das er 1906 geschrieben hat – ein weiterer seelisch-literarischer Versuch, seinen Lebensnöten zu entkommen:

»Ich glaube an Gott, den allmächtigen und allweisen Schöpfer aller Himmel und aller Erden. Er thront von Ewigkeit zu Ewigkeit. Er ist der Herr aller Gesetze und Kräfte und der Vater aller fühlenden Wesen!

Ich glaube an die himmlische Liebe, die zu uns niederkam, für die Sterblichen den Gottesgedanken zu gebären. Indem sie dieses tat, wurde sie für uns zur Gottesmutter. Sie lebt und wirkt, gleichviel, ob wir sie verehren oder nicht. Sie ist die Reine, die Unbefleckte, die Jungfrau, die Madonna!

Ich glaube an den von ihr Geborenen, den Sohn des Vaters. Nur dadurch, dass er Mensch wurde, konnte er uns den Vater offenbaren. Und je tiefer er sich in die Menschheitsqual versenkte, um so überzeugender musste diese Offenbarung sein. Er ist unser Führer, unser Ideal, der Weltenheiland, der Erlöser!

Ich glaube an die göttliche Gnade, die diesen Heiland nun auch in unserem Innern geboren werden lässt, um uns wie ihn durch Leid und Tod zur Auferstehung und zur Himmelfahrt zu führen. Sie wird ausgegossen über alle Welt und spricht in allen Zungen. Sie ist der heilige Geist!

Ich glaube an die einzige, alles umfassende katholische Gemeinde der Gläubigen, zu der ein Jeder gehört, der den Pfad des Erlösers wandelt. Das ist die christliche Kirche!

Und ich glaube an das Gute im Menschen, an die Kraft der Nächstenliebe, an die Verbrüderung der Nationen, an die Zukunft des Menschengeschlechtes.

Das ist das irdische Paradies, nach dem wir streben sollen, und in diesem Streben beginnt schon hier auf Erden die uns für dort verheißene Seligkeit!«

Grünhain-Beierfeld und Johann Hermann Schein
Leuchtender Klang

Die kleine Stadt Grünhain-Beierfeld liegt im sächsischen Erzgebirgskreis und trägt ihren Doppelnamen erst seit der gemeindlichen Liaison von Grünhain und Beierfeld 2005. Sie hat noch einen dritten Stadtteil: Waschleithe, dessen Name auf die Erzwäsche, die Säuberung des Erzes vor der Verhüttung, zurückgeht. Sie war einst ein wichtiger Wirtschaftszweig des Zisterzienserklosters, das Grünhain vor langer Zeit reich und bedeutend machte. Die weißen Brüder des Bernhard von Clairvaux kamen 1230 aus dem Kloster Sittichenbach, heute Ortsteil von Lutherstadt Eisleben, das seinerseits von der ebenfalls im Südharz gelegenen Ordensgründung Walkenried besiedelt wurde, das wiederum von einer der vier Primärabteien des einstmals erfolgreichsten Reformordens in Morimond, etwa auf halber Strecke zwischen Nancy und Dijon im Quellgebiet des Flambart, besiedelt worden war. Schon in den letzten einhundert Jahren vor der Auflösung des Klosters 1536 im Zuge der Reformation war die Abtei, die auch einen Wirtschaftshof in Zwickau besaß, in ihrem Bestand gefährdet – zunächst durch Überfälle der Hussiten, später durch Angriffe und Plünderungen durch die Bauern der Gegend. Der Erzbergbau überflügelte bald die Landwirtschaft. Im 17. und 18. Jahrhundert wurde die Löffelmacherei wichtiger Wirtschaftszeig, die im 19. Jahrhundert in die Blechwarenindustrie mündete, die bestimmender Industriezweig des Ortes wurde. Oblag die Herstellung von Haus- und Küchengeräten zunächst dem handwerklichen Fleiß familiärer Kleinbetriebe, übernahmen ab dem frühen 20. Jahrhundert mehr und mehr Fabriken die Produktion.

Grünhain-Beierfeld hat neben der Peter-Pauls-Kirche in Beiersdorf, einem schmucken Saalbau, der bereits 1301 erwähnt wurde, spätromanische Teile aufweist, maßgeblich aber durch den Um- und Erweiterungsbau von 1607/08 bestimmt und heute in Erbpacht in Obhut der politischen Gemeinde ist, zwei Kirchen: die Christuskirche in Beiersfeld – ein Neorenaissancebau von 1897/98, der nach Plänen des Dresdner Architekten Fritz Reuter (1861–1942) entstand – und die große klassizistische St.-Nicolai-Kirche in Grünhain, die 1808 bis 1812 nach Plänen von Johann Traugott Lohse (1760–1836) erbaut wurde. Es ist ein als klassizistische Saalkirche errichteter Putzbau, gegliedert durch Risalite mit mächtigen Säulen und Dreiecksgiebeln sowie hohen Rundbogenfenstern. Der abgewalmte Turm trägt eine geschlossene Glockenstube mit Helm. Turm und Dach sind schiefergedeckt. Der weite, helle Innenraum hat umlaufend eine zweigeschossige Empore, die hinter dem Altar verglast ist. Der mächtige Kanzelaltar hat in der Predella eine Abendmahlsdarstellung des, aus dem nahen Schwarzenberg stammenden, Malers Friedrich Traugott Georgi (1783–1838), der in Leipzig als Porträtmaler Karriere machte.

Grünhain darf sich einiger Persönlichkeiten rühmen, wie des Orgelbauers Christian Gottlob Steinmüller (1792–1864), Pfarrerssohn aus dem etwa 50 Kilometer südwestlich im Vogtland gelegenen Arnoldsgrün, der in seiner über fünfzigjährigen Schaffenszeit über zwanzig Orgeln baute – unter anderem als Erstlingswerk und Gesellenstück die Orgel in der Grünhainer St.-Nicolai-Kirche (1812), in der Johanniskirche in Lößnitz (1820/21),S. 88 in der Wehrkirche in Großrückerswalde (1827/28) S. 94 und in der Dorfkirche in Thierfeld (1840/41).S. 92 Auch der Kaufmann Fritz Körner (1873–1930) hat als Lehrling in Grünhain seinen Anfang als erzgebirgischer Mundartdichter genommen und aus seinen Begegnungen mit den Menschen vor Ort seine zahlreichen Geschichten gewebt, mit denen er das Ureigene von Land und Leuten auf seine besondere Art für die Nachfahren bewahrt hat. Seit 1904 hat er Werke

St. Nicolai mit Kanzelaltar, flankiert von den Tugenden des Glaubens (mit Kelch und Kreuz) und der Hoffnung (mit Buch und Anker); Schein-Porträt und Schein-Gedenktafel

Johann Hermann Schein zum Hören:
»Was betrübst du dich, meine Seele«
(Israelsbrünnlein, 1623, Motette No. 21)
Athesinus Consort, Klaus-Martin Bresgott

Orgel (2014) von Ekkehart Groß, angelehnt an die Orgel (1812) von Christian Gottlob Steinmüller; Porträt von Johann Hermann Schein; Notenauszug (Bärenreiter-Verlag) vom »Israelsbrünnlein«

herausgegeben, deren Titel wie »Härzdruckerle«, »Quarkkließ« oder »Haselbummele« von einer tiefen Verbindung zu seiner Heimat zeugen.

Wirklich berühmt ist Grünhain aber wegen eines seiner Pfarrerskinder, das heute zu den bedeutendsten Komponisten des Frühbarock zählt – und in seiner musikalischen Kraft einer der modernsten Tonsetzer seiner Zeit war. Die Rede ist von Johann Hermann Schein, der am 30. Januar 1586 als fünftes Kind der Familie im hiesigen Pfarrhaus gegenüber der heutigen St.-Nicolai-Kirche geboren wurde. Schon mit sieben Jahren wurde Johann Hermann Halbwaise; sein Vater starb 1593, woraufhin die Familie nach Dresden zog, wo der Knabe großstädtisch erzogen wurde, in die Kantorei der Hofkapelle unter ihrem berühmten, franko-flämischen Leiter Rogier Michael (1553–1623) aufgenommen wurde und eine profunde musikalische Grundausbildung erhielt.

1603 wechselte er für vier Jahre zur Ausbildung in die Fürstenschule Pforta nahe Naumburg und studierte ab 1608 als kurfürstlicher Stipendiat Jura und die »septem artes liberales« – die sieben freien Künste, die in das Trivium Grammatik, Rhetorik, Dialektik und das weiterführende Quadrivium Arithmetik, Geometrie, Musik und Astronomie unterteilt werden. 1612 machte er sein juristisches Examen, war aber zu dieser Zeit schon als Dichter und Komponist aktiv, wovon »Das Venus Kräntzlein« Zeugnis ablegt, das Johann Hermann Schein bereits 1609 in Wittenberg veröffentlicht hatte – ein Zyklus fünf- bis achtstimmiger Chor- und Instrumentalwerke. Nach einer Stelle auf Schloss Weißenfels wurde er zunächst Hofkapellmeister am Hof in Weimar und übernahm 1616 schließlich von Sethus Calvisius (1556–1615), dem Dichter und Komponisten des bis heute gesungenen Abendliedes »Mein schönste Zier und Kleinod«, die Stelle des städtischen Musikdirektors und Thomaskantors in Leipzig – jene Stelle, die hundert Jahre später zur Wirkungsstätte Johann Sebastian Bachs wurde. Hier oblag Schein nicht nur die Betreuung der Leipziger Hauptkirchen St. Nikolai und St. Thomas mit Gottesdiensten, Trauungen, Beerdigungen und städtischen Festen, sondern auch der Musik- und Lateinunterricht in der Thomasschule. Bereits um 1615, als Schein noch in Weimar war, lernte er den ein Jahr jüngeren Hallenser Musikdirektor Samuel Scheidt und etwa gleichzeitig auch den ein Jahr älteren Heinrich Schütz kennen, Kapellmeister am sächsischen Hof in Dresden. Diese drei – Schütz, Schein, Scheidt – gelten als die berühmtesten deutschen Komponisten des Frühbarock, die sowohl auf kompositorischem Feld durch die Einbeziehung italienischer Techniken als auch durch den aktiven Gebrauch der deutschen Sprache und damit der Entwicklung einer intensiven Wort-Ton-Beziehung die Chormusik auf ein neues Niveau gehoben haben. Heute gibt es weltweit Festivals Alter Musik, die dem Oeuvre dieser Komponisten huldigen.

Johann Hermann Schein war der Fülle seiner Aufgaben nur bedingt gewachsen. Er war oft krank und starb bereits 44-jährig am 29. November 1630. Heinrich Schütz schrieb auf den Tod seines Freundes die sechsstimmige Motette »Das ist je gewisslich wahr« (SWV 388 auf den Text aus dem ersten Brief des Paulus an Timotheus 1, 15–17), eine der herausragenden Motetten seiner Sammlung »Geistliche Chormusik 1648« – ein Meilenstein in der Geschichte der Chormusik. Johann Hermann Schein hatte seinen Meilenstein schon vorher gesetzt: das »Israelsbrünnlein«, eine 1623 erschienene Sammlung für fünfstimmiges Vokalensemble, die ein Kleinod virtuoser Chormusik ist, in der er den italienischen Madrigalstil mit der polyphonen Kunst der Motette der Renaissance verbindet und ein musikalisches Opus par excellence hinterlassen hat.[S. 62] Johann Hermann Schein wurde in seiner Geburtsstadt Grünhain beerdigt. In der Kirche erinnert eine Gedenktafel von 1897 an diesen Menschen, der neben seiner Bedeutung als Komponist äußerst klangvoller Cantionalsätze und der nicht hoch genug zu schätzenden Madrigalmotetten als ein Wegbereiter des begleiteten Liedes gilt. Ein Gedenkstein auf dem Kirchplatz vor der St.-Nicolai-Kirche trägt auch seinen Namen.

Oelsnitz/Erzgebirge und Reiner Kunze

Mit wenigen wahren Worten

Ein Gedicht zu schreiben, ist eine künstlerische, keine politische Leistung. Ein Schriftsteller ist der Autor seiner Bücher, sonst erst einmal nichts. Aber es gibt politische Umstände, unter denen ein Gedicht mehr wird als ein Gedicht – dann nämlich, wenn es einer der wenigen Orte ehrlichen und freien Redens ist. Dann lesen Menschen es als Einspruch gegen das Regime, in dem sie leben und sich arrangieren müssen. Es wird ihnen zur Zuflucht und zum Hoffnungszeichen. Sie sammeln sich um es als eine Gemeinde der Nichteinverstandenen, selbst wenn sie gar keine Literaturliebhaber sein sollten. Einen Schriftsteller bringt dies in eine schwierige Lage. Einerseits findet er eine große, treue Leserschaft, die weit mehr ist als eine Kundschaft oder ein Publikum. Andererseits kann es geschehen, dass er auf eine politische Funktion in einer bestimmten Situation festgelegt wird. Davon zeugt das zuschreibende Wort »DDR-Schriftsteller«. Seine Kunst verdankt sich dann dem Protest gegen eine Diktatur und bleibt damit von ihr abhängig. Doch was geschieht, wenn das Regime zusammenbricht – endet damit auch seine Kunst?

Der Lebens- und Schreibweg von Reiner Kunze ist nicht zuletzt von dieser Frage bestimmt, ohne jedoch in ihr aufzugehen. Kunzes Weg begann 1933 in Oelsnitz, einer damals armen und engen Bergarbeiterstadt, weit entfernt von Erzgebirgs-Kunsthandwerk mit weihnachtlichen Schwibbögen und Räuchermännchen. Zur materiellen Not kamen Unwissenheit, Grausamkeit und Einsamkeit hinzu. Kunze musste das am eigenen Leib erfahren: »Ich war als Kind viel allein. Ich hatte an Wangen, Nacken, Armen, Händen und Beinen ein Ekzem – ein sogenanntes endogenes, von innen kommendes Ekzem, das schrecklich juckte und oft eiterte, weil man als Kind kratzt, und damals gab es weder Antihistaminika noch Antibiotika. Es war Krieg, es gab kein Verbandszeug, und wir waren auch arm. Die Binden wurden täglich ausgekocht, täglich gebügelt. Die Eltern der anderen Kinder aber dachten, ich hätte die Krätze und verboten ihren Kindern, mit mir zu spielen. Das ist das eine. Das andere ist, dass ich als Kind immer ausgelacht worden bin. Und niemand wollte mich in seiner Fußballmannschaft haben. Die Klasse hat an mir ihre Aggressionen ausgelebt. Es war eine Art Klassenvergnügen, auf dem Heimweg mit Steinen nach mir zu werfen – vor allem dann, wenn der Lehrer einen Aufsatz von mir vor der Klasse vorgelesen hatte.«

Früh fand Kunze seine Heimat im Lesen und Schreiben. So schwer die Anfänge, so groß waren die Erfolge. Seine Gedichte und Erzählungen erlebten in den 1970er- und 1980er-Jahren Auflagen, deren Höhe man sich heute kaum vorstellen kann. Eine lange Liste an Preisen und Ehrungen kam hinzu. Was an den Texten fasziniert, die Kunze während seiner Zeit in der DDR geschrieben hat, ist die Haltung, aus der sie geschaffen wurden: Wahrhaftigkeit. Man spürt in seinen Gedichten und Erzählungen den unbedingten Willen, sich nicht dem herrschenden Jargon anzupassen, keiner ideologischen Redekonvention zu gehorchen. Auch deshalb sind sie so knapp gehalten, auf das Wesentliche konzentriert: Das Wahre ist in einer Sprachdiktatur das Wenige. Ob man das als literarischen Widerstand bezeichnen sollte? Wahrscheinlich klänge das für Kunze zu pathetisch, unpassend für seine eher tastenden Formulierungen. Die sozialistische Obrigkeit jedoch verstand den Widerspruch sehr genau, der in seinem Werk enthalten ist, und bekämpfte diesen Dichter kurzer, leiser Verse mit besonders aufwendigen und niederträchtigen Geheimdienstaktionen.

Verbündete fand Kunze in der evangelischen Kirche. Obwohl er von sich selbst sagte, dass ihm die »Gotteserfahrung« fehle, war und ist ihm der Glaube der anderen nah und kostbar – besonders

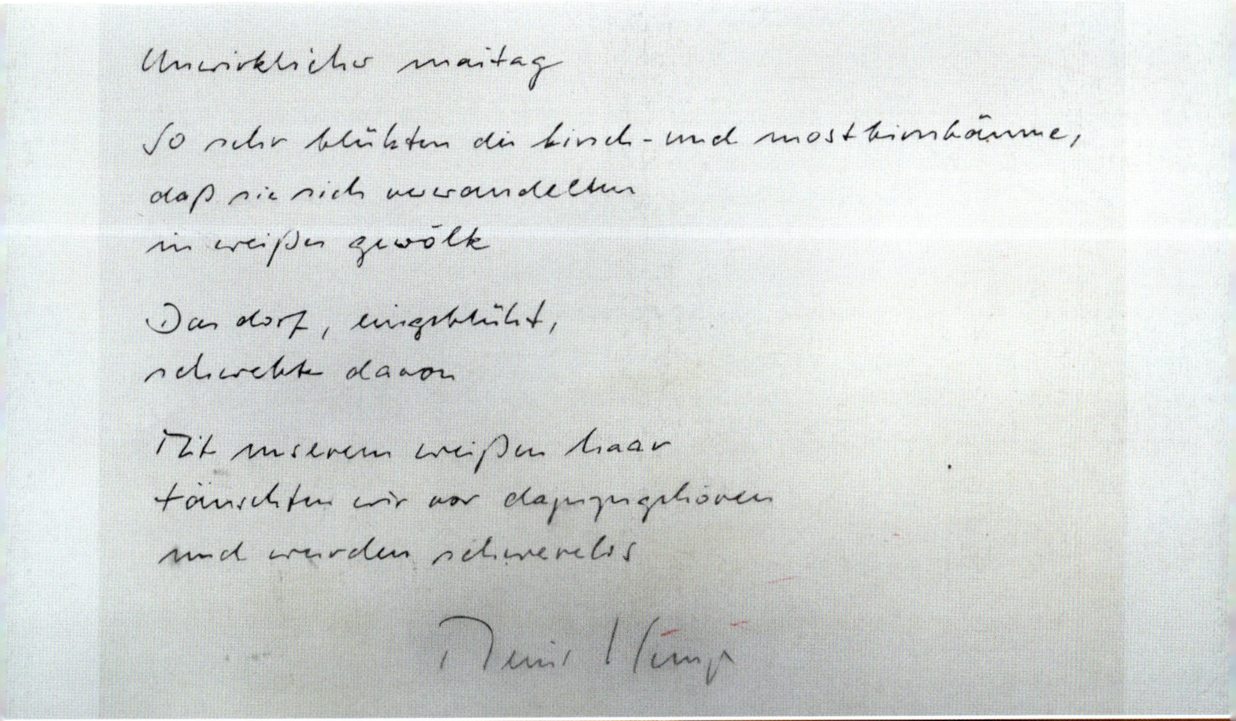

Reiner Kunze »Unwirklicher Maitag«, Teil der Installation »Poesie der Energie« (2015) von Frank Maibier (*1959) im Bürgerpark Oelsnitz; Ehepaar Kunze in ihrer Bibliothek in Obernzell-Erlau (2022)

Reiner-Kunze-Stele (2009) oberhalb von Oelsnitz von Klaus Hirsch (1941–2018); Christuskirche Oelsnitz (1725/26) mit zentral aufgesetztem, oktogonalem Dachreiter

der seines Großvaters: »Mein Großvater, ein Steinkohlenmann, der über vierzig Jahre unter Tage gearbeitet hat, war ein gläubiger Mensch, und ich habe ihn geliebt. Ich habe ihn nie in die Kirche gehen sehen, aber ich sehe ihn noch heute am Fenster sitzen und pfeiferauchend die Bibel lesen. Ein ›Sonnenstrahl auf dem Brot‹ konnte ihn mit Dankbarkeit erfüllen (an vielen Tagen seines Lebens hat er die Sonne nicht gesehen; zu seiner Zeit arbeitete man noch zwölf Stunden – auch unter Tage).« In der DDR erschien ihm die Kirche als »der letzte Freiraum«. Später in Passau, wo er seit seiner »Ausbürgerung« lebt, fiel ihm auf: »Diejenigen, die am tiefsten glauben, sind die tolerantesten und nachsichtigsten.« Es verwundert deshalb nicht, dass christliche Motive in seinen Texten regelmäßig vorkommen. So in der Kurzerzählung »Orgelkonzert«, 1976: »Die Schulbehörde in N. wies die Direktoren an zu verhindern, dass Fach- und Oberschüler die Mittwochabend-Orgelkonzerte besuchten. Lehrer fingen Schüler vor dem Kirchenportal ab und sagten den Eltern: Entweder-oder. Eltern sagten ihren Kindern: Entweder-oder. Bald reichten die Sitzplätze im Schiff und auf den Emporen nicht mehr aus./(Meldung, die in keiner Zeitung stand)/Hier müssen sie nicht sagen, was sie nicht denken. Hier umfängt sie das Nichtalltägliche, und sie müssen mit keinem Kompromiss dafür zahlen: nicht einmal mit dem Ablegen ihrer Jeans. Hier ist der Ruhepunkt der Woche. Sie sind sich einig im Hiersein. Hier herrscht die Orgel.« Oder in dem Gedicht von 1972 »Pfarrhaus, Für pfarrer W.«:

> Wer da bedrängt ist findet
> mauer, ein
> dach und
>
> muss nicht beten

1977 verließ Kunze mit seiner Frau Elisabeth die DDR, um dem Gefängnis zu entgehen, und wanderte in die Bundesrepublik ein. Fünf Jahre zuvor hatte er das Gedicht »Gebildete Nation« für einen anderen Dichter geschrieben, der diesen Weg vor ihm gegangen war:

> Peter Huchel verließ die Deutsche
> Demokratische Republik:
> (Nachricht aus Frankreich)

Er ging

Die zeitungen meldeten
keinen verlust

Das neue Leben empfand Kunze als doppelte Befreiung. Zum einen hatte er die sozialistische Diktatur nicht mehr zu fürchten, zum anderen konnte er sich nun auf das Gedicht als Gedicht konzentrieren: »In der DDR habe ich ein Publikum gehabt, das von der Poesie noch etwas anderes verlangte, als der Poesie zu geben eigentlich zukommt, nämlich über Vorgänge zu informieren, die von anderen Menschen, ja sogar eigentlich im Gespräch von Mensch zu Mensch mitgeteilt werden sollten. Ich bin froh, dass es dieser außerliterarischen Funktion der Poesie hier nicht mehr bedarf.« Zum Glück hat er nach der Wiedervereinigung den Weg zurück nach Ostdeutschland gefunden, auch nach Oelsnitz, wo seit 2007 der »Reiner-Kunze-Preis« verliehen wird – in Anwesenheit des berühmtesten Sohnes dieser kleinen Stadt im Senkungsgebiet. Es lohnt sich auch heute, Kunze zu lesen. So werfen ältere Interviews ein Licht auf aktuelle Krisen und Debatten. Man begegnet hier einem Mann mit einem klaren, ausgewogenen Urteil, unbestechlich, jedoch nicht unversöhnlich. Das mag an seiner Lebenserfahrung liegen, seiner – dann doch – Nähe zum Christentum sowie seinem Abstand zum Meinungsbetrieb. 1993 wurde er gefragt, woher die erschreckende Gewalt auf deutschen Straßen käme. Kunze antwortete: »Sie hat viele Ursachen und im Osten zum Teil andere als im Westen. Hier ist es die Tendenz, alle tradierten Werte und jede gewachsene Bindung in Frage zu stellen, was zu innerer Haltlosigkeit führt. Im Osten haben sich die Gruppen, in denen man eingebunden war, aufgelöst. Die große orientierungslose Freiheit ist ausgebrochen. Hinzu kommen Arbeitslosigkeit, soziale Ängste usw. Die wenigsten sind Rechtsradikale, aber der Rechtsradikalismus nutzt natürlich die Stunde.« Auf die Frage, was denn zu tun sei, erklärte er: »Versuchen, Halt zu geben und Gewalt mit rechtsstaatlicher Gewalt zu brechen.«

Ein Jahr zuvor sollte Kunze Stellung nehmen zum wachsenden Rechtsextremismus bei den Deutschen. Er bemerkte: »Ich werde niemals von den Deutschen sprechen, wie ich nie von den Serben sprechen werde. Die letzten vierzig Jahre hier in der Bundesrepublik haben doch gezeigt, dass die Menschen in der Mehrheit nicht ausländerfeindlich sind.« Aber: »Das Gewaltmonopol muss beim Staat bleiben, und dieser muss es so einsetzen, dass er seinen Bürgern höchstmöglichen Schutz bietet.« Um das Problem der Ausländerfeindlichkeit zu lösen, reichten allerdings keine polizeilichen Maßnahmen, vielmehr müsse man, so Kunze 1993, am Verständnis von »Volk« arbeiten: »Solange sich die Nationalität ethnisch oder religiös definiert und nicht politisch, und zwar demokratisch-politisch, werden andere in dieser Nation lebende ethnische und religiöse Gruppen nie die volle Gleichberechtigung erhalten können.« Als Kern der politischen Polarisierung in Deutschland nahm Kunze schon 1991 eine Entfremdung zwischen Ost und West wahr: »Nach dem Fall der Mauer haben sich der Westen und der Osten in Deutschland erst einmal gründlich abgestoßen, und zwar durch Maßlosigkeit. Der Westen den Osten durch partielle ruchlose Profitgier. Und der Osten den Westen durch sofortige Einforderung aller Vorzüge der Marktwirtschaft und des Sozialstaates bei Beibehaltung der alten Denk- und Lebensgewohnheiten. Wir haben einander gegenseitig überfordert.« Dazu passen Beobachtungen, die er in seiner Heimatstadt machte: »Oelsnitz ist eine sterbende Steinkohlenbergbaustadt, Senkungsgebiet, das Rathaus ist um neun Meter in der Erde verschwunden, die unterirdische Infrastruktur ist weitgehend zerstört, vom Straßenbelag ganz zu schweigen. In den vergangenen vierzig Jahren ist im Hinblick auf diese Schäden fast nichts getan worden, so dass 30 Prozent aller Häuser abgebrochen werden müssen und 60 Prozent nur unter erheblichem finanziellem Einsatz [illegible] werden können. Alles, was unter der Erde geschieht, sehen die Leute jedoch nicht. Sie erleben, wie über der Erde der Wind durch die Hausmauern bläst, weil längst der Mörtel aus den Fugen gefallen ist, und dass sich auch im dritten Jahr der Einheit nichts tut.« Auch wenn er sich zu politischen Entwicklungen äußert, spricht Kunze als Dichter, mit mehr Frage- als Ausrufezeigen. Er liefert keine vollständigen Erklärungen, sondern bietet Ansätze, weckt Interesse für das Gegenüber, zielt auf Verständigung, ohne seine ethischen Grundsätze aufzugeben. Am wichtigsten ist ihm die Freiheit: »Diejenigen, die in der DDR nahezu erstickt sind, werden die Freiheit stets als den Wert empfinden. Aber hat denn die Mehrheit der Menschen tatsächlich die Freiheit gewollt? Die Menschen in der DDR haben nicht wissen können, was das ist, die Freiheit zu wollen. Sie haben geglaubt – nicht alle, ich weiß –, Freiheit sei etwas, das man ohne Gegenleistung erhalten kann. Sie haben eine Freiheit ohne Risiko erwartet. Eine Freiheit, die man abheben kann bei Bedarf. Eine verwaltete Freiheit. Eine bequeme Freiheit. Da kann ich nur sagen: Nichts ist unbequemer als die Freiheit. Aber auch nichts ist begehrenswerter. Frei sein heißt, sich entscheiden müssen.«

Eine besondere Leistung Kunzes ist das Brückenbauen. Tschechien ist von Oelsnitz nur eine Autostunde entfernt. Aus Tschechien stammt seine Frau Elisabeth. Aus dem Tschechischen und Slowakischen übersetzte er wunderbare Gedichte, vor allem von Jan Skácel. Dessen Gedicht »Übereinkunft« ist eines der schönsten: »Ich will nicht, daß irgendein gott mich umdenkt./Ich habe seit jeher meinen,/für den eigenen gebrauch, auch um mich aufzurichten./Und für die demut, derer ich bedarf./Zuweilen geschieht's, daß die menschliche seele stinkt/wie regennasses hundefell./Darüber lästere ich nicht. Nur will ich, daß der schmerz/wirklich schmerzt und die träne träne ist.«

Mittweida und Erich Loest Der Riss in der Erde

Wie man erst in einem System leben kann, dann in einem zweiten, einem dritten und schließlich einem vierten, wie gleich mehrere ideologische Brüche in einen einzigen Lebenslauf passen, das lässt sich besonders gut in Mittweida nachvollziehen. Der bekannteste Sohn dieser Stadt hat am eigenen Beispiel eindrucksvoll davon erzählt. Am besten geht man vom Bahnhof, vorbei am berühmten Technikum, gleich in die Erich Loest-Stadtbibliothek. Nebenbei bemerkt: Man kann in Deutschland lange suchen, bis man eine vergleichbar schöne Bücherei findet. Im Eingangsbereich wurde eine kleine, kluge Dauerausstellung über diesen Schriftsteller eingerichtet, der 1926, also noch zu demokratischen Zeiten, geboren wurde, seine Jugend in der NS-Diktatur verbrachte, nach einem kurzem, schrecklichen Kriegseinsatz in der frühen DDR Karriere machte, das sozialistische Regime infrage stellte, dafür bitter bestraft wurde, nach Westdeutschland ging, als alter Mann wiederholt zurückkehrte und nach seinem Tod 2013 auf dem örtlichen Friedhof beigesetzt wurde. Was ist von ihm geblieben? Was lässt sich zeigen? Einige seiner insgesamt siebzig Bücher gibt es in einer Vitrine zu sehen. Nicht alle dürften heute noch Lesende finden.

Das Schreiben war für Loest ein Broterwerb. Davon zeugt seine Schreibmaschine, die deutliche Spuren eines intensiven Gebrauchs aufweist. Schreiben ist offensichtlich harte Arbeit. In Schubladen befinden sich Manuskripte mit vielen Korrekturen, immer auf Altpapier getippt. Das schönste Objekt ist die Lederjacke, die er in der Kriegsgefangenschaft für hundert Zigaretten eingetauscht und dann viele Jahre getragen hat. Den Ruhm der späten Jahre bezeugen viele Urkunden und Fotos von Preisen und Ehrungen. Doch was helfen sie dem Nachleben eines Autors, wenn seine Bücher nicht mehr gelesen werden? Viele kennen noch »Nikolaikirche«, den Roman zur Friedlichen Revolution, »Völkerschlachtdenkmal« oder seinen Karl-May-Roman. Aber ist man in der Stadt stolz auf ihn? In kleinen Städten werden gute, vor allem aber ungute Erinnerungen lange bewahrt. Man vergisst nicht so schnell. Wie erinnert man sich also in Mittweida an den begeisterten HJ-Führer, den Jungsoldaten, den sozialistischen Lokaljournalisten und Feuilletonisten, den Erfolgsromancier, den Dissidenten und Bautzen-Häftling, den Ausgestoßenen, den Westautor, den gelegentlichen Rückkehrer? Es werden unterschiedliche Erinnerungen in Mittweida lebendig oder bald nicht mehr lebendig sein. Wie er sich selbst an sein Leben erinnert hat, kann man in einem seiner besten Bücher nachlesen: »Durch die Erde ein Riss«. Es zeigt ein exemplarisches deutsches Leben. Eine seiner ersten prägenden Erinnerungen stammt aus dem Jahr 1936: »Im April 1936 füllte ein Zehnjähriger den Aufnahmeantrag für das Deutsche Jungvolk aus. Füllte er aus? Tat es die Mutter für ihn? Das geschah auf dem abschüssigen Markt von Mittweida, seiner Geburtsstadt, zwanzig Kilometer nördlich von Chemnitz. Ein Zelt war aufs Pflaster gepflockt, uniformierte Dreizehnjährige wachten mit gespreizten Beinen, die Fäuste auf den Oberschenkeln geballt, den Blick nach Möglichkeit starr. Habt-Acht-Stellung hieß das, der Neuling sollte es noch lernen.«

Der Vater war Kaufmann, führte ein Geschäft für Eisenwaren, die Mutter half mit. Im Ersten Weltkrieg war der Vater an der Somme verschüttet worden. Während der Weimarer Republik versuchte er, eine bürgerliche Existenz aufzubauen. National war er eingestellt, aber nicht radikal, eher demokratisch, wählte trotzdem ab 1931 die NSDAP: »Denn so konnte es nicht weitergehen.« Tatsächlich schien von 1933 an vieles besser zu werden – für ihn, seine Familie und das Geschäft. »In diesem Jahr 1936 erlebte Berlin die Olympischen Spiele. Die Arbeitslosigkeit war beseitigt, in Mittweida unter anderem dadurch, dass die Firma Wächtler & Lange Millionen Blechabzeichen für braue Feste und Kampagnen stanzte. In Spinnereien, Steinbrüchen und Maschinenfabriken war wieder jeder Arbeitsplatz besetzt, in Alfred Loests Eisenwarengeschäft stieg der Umsatz. Fremde strömten nach Mittweida, denn die Kriebsteintalsperre staute seit kurzem ihr Wasser bis vor die Tore der Stadt, Zufahrtsstraßen und Bootsanlegestellen wurden gebaut, der örtliche Tagebuchschreiber, der Arzt Dr. Sauer, vermerkte den Besuch des Gauleiters Mutschmann und des Reichsorganisationsleiters Dr. Ley und stellte im ›Mittweidaer Tageblatt‹ die Frage: ›Wann kommt der Führer?‹ Hitler kam nicht nach Mittweida.«

Erich wusste, dass es früher auch ein rotes Mittweida gegeben hatte. Davon war nicht viel geblieben: »Alle Einflüsse daheim waren bürgerlich-national. Manchmal klang Unbehagen über Rüdes und Lautes der frischen Machthaber durch, aber neue Besen kehren eben manchmal etwas heftig. Was gegen die Juden geschah, war gewiss hart und geschmacklos über jedes Maß, aber, wendete der Vater ein, hätten nicht jüdische Kaufhäuser den Einzelhandel schwer geschädigt? Kein Wörtchen gegen die Nazis hörte L.« – so nennt sich Loest in seinen Erinnerungen – »in den Häusern seiner Freunde. Die meisten Väter der Klassenkameraden waren Mitglieder der NSDAP, einige schon vor 1933, andere waren trotz allerlei Vorbehalten vom wirtschaftlichen Aufschwung düpiert und wollten, da die Nazis nun einmal gesiegt hatten und keine Kraft in Deutschland existierte, die sie vertreiben konnte, ihre Kinder nicht in Konflikte stürzen.« Vier Jahre später, 1940, hatte Erich ein auf prägende Weise nicht prägendes Erlebnis: seine Konfirmation. Er hatte sich etwas Besonderes von ihr erwartet und war enttäuscht worden. Seither war er Atheist: »Besser: Er war Untheist. Gott existierte für ihn nicht mehr, kein Glaube gab ihm Kraft; Religion oder Nichtreligion wurden ihm nie wieder zum Problem. Eine Zeitlang allerdings beneidete er die, die einen Gott besaßen, das war viel später, als er im Zuchthaus Bautzen ganz allein war, da hätte er Gott brauchen können. Aber kurzfristig lässt Gott sich nicht aufbauen, und er versuchte es auch nicht erst.« Dabei hatte er direkt neben der beeindruckenden Kirche von Mittweida, in der Pfarrbergstraße, gewohnt. Sie hat einen herrlichen, riesigen Altar, der in frühbarocker Manier die gesamte Heilsgeschichte vorstellt. Ihr gegenüber befindet sich in luftiger Höhe eine große und klangvolle Ladegast-Orgel. Doch auch diese beiden außergewöhnlichen Kirchenkunstschätze scheinen keinen bleibenden Eindruck auf Loest gemacht zu haben. Überhaupt scheint er von der reichen Geschichte seiner Heimatstadt kaum Notiz genommen zu haben. Heute kann man sich, nur ein paar Hausnummern von Loest Kindheitshaus entfernt, in dem sehr klug gestalteten Stadtmuseum über sie informieren.

»In diesem Frühjahr 1940 starb Gott für ihn. Der Führer lebte und war Gott genug, Erzengel Göring schickte seine himmlischen Heerscharen gegen britische Schiffe und Städte, und der Teufel war Churchill.« Vier Jahre später trat Loest in die NSDAP ein. Gern wäre er auch in die Waffen-SS gegangen. Sein nationalsozialistischer, zugleich kluger Schuldirektor bewahrte ihn davor. 1944 wurde Loest als Soldat eingezogen, nach Kriegsende soll er sogar noch als »Werwolf« versucht haben, Unheil anzurichten. Doch am 6. Mai wurde er gefangen gesetzt. Bald wurde er wieder freigelassen: »Seine Stadt empfing ihn still, scheinbar auf etwas wartend; er begriff sie nicht. Mit keiner Faser merkte er, dass ein Teil der Stadt brodelte, der andere, den er 1936 nicht erfühlt hatte, als er ins Jungvolk eingetreten war, und nicht im Kriege: der antifaschistische, proletarische. Stichworte: Kampflose Besetzung durch amerikanische Truppen, Rückzug der Amerikaner. Dann war die Sowjetarmee still und pferdebespannt eingerückt. ... Am 1. August 1945 hatte die ›Sächsische Volkszeitung‹ über Mittweida berichtet: ›Mittweida ist für die heutigen Verhältnisse ein kleines Paradies. Die Stadt

Die von Raum und Bau (Dresden) umgebaute Stadtbibliothek (2023) in Mittweida mit einladendem Erich-Loest-Erinnerungsraum im Erdgeschoss

Stadtkirche St. Marien (Unser lieben Frauen) Mittweida (1303, 1450, 1475, 1516–22, 1886–87); Altar mit Ecce-homo-Figur (1661) von Valentin Otte (1596–1673) und Johannes Richter

ist völlig unzerstört. Vollkommen normales Leben. In den Läden alles, was auf den Karten oder Bezugsscheinen steht.‹ Mittweida und 24 umliegende Dörfer hätten 16.000 Flüchtlinge aufnehmen müssen, das entspräche einem Drittel der bisherigen Bevölkerung. Die Hälfte aller Betriebe arbeitete wieder, wenn auch manche nur dreißig Stunden in der Woche, mehr ließen Energie und Rohstoffe nicht zu.«

Loest begann sein nächstes Leben. Mit gerade 19 Jahren arbeitete er in der Landwirtschaft und den Leuna-Werken, um irgendwie zu überleben. Er holte sein Abitur nach. Über einen Freund geriet er in den Journalismus: »Seine Stadt, für ihn blieb sie rätselhaft. Das Rathaus war zur Kommandantur geworden, die Fassade bedeckt mit rotem Tuch und Stalinbild. Durch diese Straßen hatte er vor zwei Jahren noch die grünweiße Schnur getragen, jetzt nickten ihm ehemalige Pimpfe zu, gewesene Jungschaftsführer drückten ihm die Hand. Wieder da also, du bleibst?« Loest blieb und trat 1947 in die SED ein. Er wechselte Ideologie und Partei wie neue gegen alte Kleider. Zum Nachdenken über das, was war und wovon er ein Teil war, gab es keine Atempause beziehungsweise er nahm sie sich nicht. Er musste den nächsten Artikel schreiben, die nächste Glosse, die ersten Erzählungen, die ersten Bücher, sich bekannt und Karriere machen. Wer so schnell aufsteigt, schaut nicht zurück.

»Und dann starb Stalin. Es war, als ob die Welt stehenbleiben müsste. Alle Hoffnungen waren so auf ihn gelenkt worden, in ihm schien alle Kraft geballt zu sein, alle Entscheidung, alles Leben gar.« Der Dichter-Minister Johannes R. Becher meinte, darüber dieses Gedicht schreiben zu müssen: »Es irrt auf den Feldern ein Bangen,/Die Ähren klagen im Wind./Wohin ist er von uns gegangen?/ Himmel, wolkenverhangen,/Fenster, wie tränenblind.//Und wieder ein Schrei, ein schriller,/ Und Sonnenfinsternis,/Er war unsrer Träume Erfüller./Und wieder Stille, noch stiller/Und durch die Erde ein Riß.«

Vergleichbare Texte hat Loest nicht geschrieben: »L. schwieg zu diesem Jahrhundertereignis, keine Geschichte schrieb er, ein Gedicht natürlich schon gar nicht. Im Nachhinein ist es wohl damit zu begründen, dass ihm Deklamatorisches fremd war, und hier ging nichts ohne Pose. Sein Schweigen war keine Frage der Überzeugung, sondern des Temperaments.«

Entscheidender war für ihn, was drei Monate später geschah: Am 17. Juni 1953 erhob sich das Volk gegen die Machthaber. Loest wagte es, die berechtigte Kritik der Arbeiter an ihren vermeintlichen Heilsbringern ernst zu nehmen und Fragen zu stellen. Wie er in einem späteren Interview erklärte, hatte er anfangs nur »ein guter SED-Genosse« sein wollen. Doch nach dem 17. Juni war ihm klar: »Du kannst nun nicht weiter«: »Dieses Jahr ›1953‹ hatte ihn umgestülpt. Hätte er nach 1945 mehr Zeit gefunden, mit seinem Naziballast fertig zu werden, wäre ihm nicht zu schnell und pauschal vergeben worden, hätte er nicht zu flink Preisgabe zu einem wenn auch völlig anderen Ziel hin angestrebt, wäre ihm ein zweites Aufwachen erspart geblieben. Jetzt, sagte er sich heftig und entschlossen, wirst du nie mehr blind glauben, alles wirst du prüfen und Menschen, Dinge wenden. Du wirst dein Gewissen als etwas betrachten, wofür du verantwortlich bist, du kannst es niemandem zur beliebigen Verwendung überlassen, auch keiner Partei.« Bald konnte er am eigenen Leib erfahren, was es bedeutet, wenn die sozialistische Diktatur, der er sich verschrieben hatte, gegen einen wendet: Diffamierungen setzten ein, Zersetzungsmaßnahmen, er wurde aus der Partei ausgeschlossen, schließlich sechs Jahre in Bautzen eingesperrt. Danach schlug er sich als Autor in der DDR durch, bis er endlich 1981 ausreisen konnte. Neun Jahre später war die DDR ebenfalls Vergangenheit. Aber das ist eine andere Geschichte.

Vielleicht ist Erich Loest, der einst geliebte und viel gelesene, inzwischen eher vergessene Volksschriftsteller heute noch interessant, weil er so durchschnittlich war, so typisch. Auf jeden Fall lohnt sich die Lektüre seiner Erinnerungen sowie der Besuch der Stadtbibliothek, die seinen Namen trägt.

Hainichen und Christian Fürchtegott Gellert

Die Wahrheit durch ein Bild sagen

Die Idee, dass das Lesen zu einem guten Leben gehört, ist nicht vom Himmel gefallen, sondern wurde wesentlich von einem Schriftsteller aus Hainichen geformt. Literatur, Moralität und Religiosität sollten für ihn eine Einheit bilden: schöne Bücher als unverzichtbarer Teil einer höheren Kultur und eines humanen Christentums. Man kann das bildungsbürgerlich nennen, aber das sollte nichts Elitäres haben. Denn er, selbst aus armen Verhältnissen stammend, wollte mit seinen Gedichten und Geschichten das gesamte lesefähige Volk erreichen, erziehen, erbauen und erheitern. Da er hierfür den richtigen Ton traf, wurde er zum erfolgreichsten Schriftsteller seiner Zeit und zum Mitgründer deutscher Lesekultur. Allerdings gilt auch für ihn die Regel, dass die Bücher von Autoren, die zu Lebzeiten besonders erfolgreich waren, nicht zu den haltbarsten gehören. Auf seinem Totenbett hat er einen kurzen Text über sein Leben geschrieben. Er beginnt so: »Der 4. Juli 1715 war ein schöner Tag, als ich Christian Fürchtegott Gellert, zweiter Sohn eines Predigers in Hainichen geboren wurde. Unter vielen Entbehrungen und strenger Zucht wuchs ich auf.« Sein Vater war Pfarrer in Hainichen. Zwölf Geschwister hatte er, fünf von ihnen verstarben früh. Geld war knapp, dafür schenkten seine Eltern ihm Liebe und einen Sinn für das Gute am christlichen Glauben sowie für das Glück des Lesens. Die von ihm erwähnte »strenge Zucht« erfuhr er, als er mit acht Jahren – der Not wegen – zu einer älteren Schwester und deren Mann, dem Stadtschreiber und späteren Bürgermeister von Hainichen, wechselte: »Dieser Mann hielt mich hart, ich musste den Tisch decken, Bier auf der Gasse holen, in der Freystunde oft die Kinder wiegen. Kurz, ich habe dadurch wenigstens gehorchen lernen; eine treffliche Kunst. ... Als dreizehnjähriger Knabe versuchte ich mich schon in Poesie und Stückeschreiben. 1729 bezog ich die Fürstenschule zu Meißen und ab 1734 war ich Studiosus der Theologie zu Leipzig.«

Bildung war für Gellert der – allerdings häufig unterbrochene – Weg zum Aufstieg. Zunächst besuchte er die Schule in Hainichen. Dann erhielt er ein Stipendium für die Fürstliche Landesschule St. Afra in Meißen. Allerdings musste der schwächliche und kränkliche Christian sie nach fünf Jahren verlassen, um sich bei seinen Eltern in Hainichen zu erholen. Zum Studium der Evangelischen Theologie zog er anschließend nach Leipzig. Geldmangel zwang ihn, das Studium zu unterbrechen und als Hauslehrer in Hainichen sowie in Dresden Geld zu verdienen. Nach erfolgreichem Studium durchkreuzte eine schreckliche Erfahrung seine Pläne: »Als ich nach vier Jahren des Studiums erstmals die Kanzel in Hainichen betrat, befiel mich entsetzliche Angst und der Versuch, das Amt eines Predigers auszuüben, musste scheitern.« Diese Panikattacke lässt sich aus der Rückschau nicht erklären. Hinweise auf eine im engeren Sinn religiöse Krise gibt es nicht. Gellert litt sein ganzes Erwachsenenleben lang an psychosomatischen Störungen, die mit den Begriffen heutiger Psychotherapie nur schwer zu fassen sind.

Gellert versuchte es anfangs als Hauslehrer, dann aber als Berufsschriftsteller: »Im Jahr 1739 war ich alsdann Lehrer und Erzieher der Söhne des Herrn von Lüttichau in Dresden. 1741 wieder in Leipzig erteilte ich vielfältigen Unterricht der notwendigen Mittel wegen, nebenbei vervollständigte ich meine Kenntnisse der französischen und englischen Literatur, mein Umgang und meine Freundschaft mit Gärtner, Cramer, Rabener und Schlegel veranlassten mich mit Gottsched an dessen Übersetzung des ›Bayleschen Wörterbuchs‹ mitzuarbeiten. In den ›Bremer Beiträgen‹ erschienen alsbald Erzählungen, Fabeln, Lehrgedichte

Klassizistisches Rathaus (1837) mit Stadtwappen und Dachreiter mit offener Laterne; Denkmal des Dichters Christian Fürchtegott Gellert (1715–69) von Ernst Rietschel (1804–61), 1865 eingeweiht

Trinitatiskirche (1896–99), als Zentralbau errichtet von Gotthilf Ludwig Möckel (1838–1915), dreistufig erhöhter Chor, darüber mit floralem Dekor geschmücktes Sterngewölbe

und Prosaische Abhandlungen von mir.« Gellert wurde zu einem der führenden, bestens – sogar international – vernetzten öffentlichen Intellektuellen. Seinen eigentlichen Ruhm aber erschrieb Gellert sich mit eigenen literarischen Texten: »Man sagt, dass mein natürlicher Ton des Erzählens Anklang fände.« Das ist mehr als untertrieben. Gellert war der meistgelesene Autor seiner Zeit. Seine »Geistlichen Oden und Lieder« waren extrem populär, auch bei Komponisten. Ungefähr 560 Vertonungen wurden geschaffen, unter anderem von Telemann, Haydn und Beethoven. Formal mögen sie weniger reizvoll sein. Ein Literaturlexikon meinte, sie seien zum Zeitpunkt ihrer Veröffentlichung ästhetisch schon überholt gewesen. Aber sie zeigen eindrucksvoll, was die deutsche Aufklärung ausmachte. Diese war nämlich nicht wie in Frankreich eine revolutionäre und kirchenfeindliche, sondern eine evolutionäre und christentumsnahe Bewegung, eng mit der lutherischen Orthodoxie und der pietistischen Herzensfrömmigkeit verbunden. Der kirchlich geordnete Glaube wurde nicht radikal in Zweifel gezogen, sondern der Blick geweitet – in die Natur – und das Gefühl intensiviert – zur Empfindsamkeit. Dafür stehen die immerhin sieben Gellert-Lieder, die heute noch im Evangelischen Gesangbuch zu finden sind, am schönsten vielleicht dieses Lob des Schöpfers:

> Wenn ich, o Schöpfer, deine Macht,
> die Weisheit deiner Wege,
> die Liebe, die für alle wacht,
> anbetend überlege,
> so weiß ich, von Bewundrung voll,
> nicht, wie ich dich erheben soll,
> mein Gott, mein Herr und Vater.
>
> Mein Auge sieht, wohin es blickt,
> die Wunder deiner Werke;
> der Himmel, prächtig ausgeschmückt,
> preist dich, du Gott der Stärke.
> Wer hat die Sonn an ihm erhöht?
> Wer kleidet sie mit Majestät?
> Wer ruft dem Heer der Sterne?
>
> Der Mensch, ein Leib, den deine Hand
> so wunderbar bereitet,
> der Mensch, ein Geist, den sein Verstand
> dich zu erkennen leitet:
> der Mensch, der Schöpfung Ruhm und
> Preis,/ist sich ein täglicher Beweis
> von deiner Güt und Größe.

Noch größer war der Erfolg von Gellerts Fabeln. 143 Verserzählungen mit einer meist heiteren Geschichte und angehängten Moral verfasste er. Dabei griff er auf antike Vorbilder oder die Vorbilder La Fontaines zurück. Originell war der leichte, elegant plaudernde Gestus sowie die protestantisch-bürgerliche Moral, auf die am Ende alles hinausläuft. Meist beginnt Gellert satirisch, macht sich maßvoll über schlechte Charaktereigenschaften wie Geiz, Neid oder Eitelkeit lustig, um dann den Wert von Tugenden wie Demut, Geduld, Anständigkeit, Fleiß, Ergebung und Gelassenheit zu beschwören. So verschreiben diese Fabeln den Lesern eine humanistisch-christliche Gesundheitslehre, die nachhaltige Zufriedenheit verspricht. Das war späteren, stürmischeren Dichtergenerationen zu spießig. Man bedenke jedoch, dass zu Gellerts Lebzeiten für einen gesteigerten Individualismus die Voraussetzungen fehlten. Da war eine pädagogisch geschickte Anleitung zum Vernünftigsein, die nach seinem Motto »die Wahrheit durch ein Bild sagte«, wohl angemessener. Dass es dabei durchaus heiter zuging, zeigt die Fabel »Der grüne Esel«, die auch heute noch lesenswert ist: »Wie oft weiß nicht ein Narr durch töricht Unternehmen,/Viel tausend Toren zu beschämen!/Neran, ein kluger Narr, färbt einen Esel grün,/Am Leibe grün, rot an den Beinen,/Fängt an, mit ihm die Gassen durchzuziehn;/Er zieht, und jung und alt erscheinen./›Welch Wunder‹, rief die ganze Stadt,/›Ein Esel, zeisiggrün, der rote Füße hat!/Das muss die Chronik einst den Enkeln noch erzählen,/Was es zu unsrer Zeit für Wunderdinge gab!‹/Die Gassen wimmelten von Millionen Seelen;/Man hebt die Fenster aus, man deckt die Dächer ab;/Denn alles will den grünen Esel sehn,/Und alle konnten doch nicht mit dem Esel gehen./Man lief die beiden ersten Tage/Dem Esel mit Bewundrung nach./Der Kranke selbst vergaß der Krankheit Plage,/Wenn man vom grünen Esel sprach./Die Kinder in den Schlaf zu bringen,/Sang keine Wärterin mehr von dem schwarzen Schaf;/Vom grünen Esel hört man singen,/Und so gerät das Kind in Schlaf.//Drei Tage waren kaum vergangen;/So war es um den Wert des armen Tiers geschehn./Das Volk bezeugte kein Verlangen,/Den grünen Esel mehr zu sehn./Und so bewundernswert er anfangs allen schien:/So dacht' jetzt doch kein Mensch mit einer Silb'‹ an ihn.//Ein Ding mag noch so närrisch sein,/Es sei nur neu, so nimmt's der Pöbel ein:/Er sieht, und er erstaunt. Kein Kluger darf ihm wehren./Drauf kommt die Zeit, und denkt an ihre Pflicht;/Denn sie versteht die Kunst, die Narren zu bekehren,/Sie mögen wollen, oder nicht.«

Leider stand sein immenser publizistischer Erfolg in schreiendem Widerspruch zu seinem persönlichen Leben: »Meine schwächliche Gesundheit erlaubte es nicht, ein Amt auf Dauer zu bekleiden, so entschied ich mich für den akademischen Lehrstand, wurde 1744 Magister und habilitierte mich 1745 mit der Abhandlung ›De Poesi Apologorum Eorumque Scriptoribus‹. Meine Vorlesungen wurden mit Beifall aufgenommen. 1751 erhielt ich eine ordentliche Professur und las über Dichtkunst, Beredsamkeit und Moral. Nebenbei leitete ich ein Seminar für stilistische Übungen. Dort las ich aus Briefen, Reden und Abhandlungen vor und kritisierte diese mit Bescheidenheit und Sorgfalt. Doch meine Krankheit, ich litt an Hypochondrie, verbitterte mich. Da halfen auch die Ausflüge nach Berlin, Karlsbad und Dresden nicht viel. In dieser Trübsinnigkeit entsagte ich mehr und mehr der Dichtkunst, um mich ganz auf Vorlesungen über die Moral zu konzentrieren. Meiner Krankheit wegen schlug ich eine Professur der Philosophie 1761 aus.« Unter »Hypochondrie« versteht man heute keine Krankheit, sondern einen Charaktermangel, den man lächerlich machen darf. Das war im 18. Jahrhunderts anders. Viele – besonders Gelehrte – fielen ihr als einer ernsthaften Krankheit zum Opfer. Sie litten an Ängsten und Zwängen, Erschöpfung und Verzweiflung, ohne dass es für sie eine sinnvolle Therapie gegeben hätte. Die gelassene Zufriedenheit, von der so viele seiner Fabeln erzählen, wurde ihm selbst nicht zuteil. Doch scheint er auf andere nicht verbittert gewirkt zu haben. Sonst hätte er nicht solch einen Lehrerfolg verbuchen können. Nicht selten kamen alle Studenten der Leipziger Universität zu seiner Vorlesung. 1765/66 gehörte Johann Wolfgang von Goethe zu ihnen. Er bezeugte: »Die Verehrung und Liebe, welche Gellert von allen jungen Leuten genoss, war außerordentlich. Es kostete einige Mühe, zu ihm zu gelangen. Seine zwei Famuli schienen Priester, die ein Heiligtum bewahren.« Gellerts Morallehre bezeichnete er als »Fundament der deutschen sittlichen Kultur«.

Gellerts Ruhm erreichte sogar den preußischen König, der eigentlich nichts von deutschen Dichtern und Denkern hielt: »Während des siebenjährigen Krieges wurde ich von vielen Freunden und Anhängern besucht. Auch Friedrich II. ließ mich 1760 zu einem Gespräch rufen, als er Leipzig besuchte. Er hatte großes Wohlgefallen daran und nannte mich als den ›Vernünftigsten aller deutschen Gelehrten‹«. Für seinen Mut und seine Menschlichkeit spricht, dass er sich von diesem überaus kriegslustigen Machthaber nicht nur loben ließ, sondern von ihm forderte: »Geben Sie uns nur Frieden, Sire!« Noch einmal besuchte er, krank und schwach, Hainichen. Wenig später sollte er in Leipzig sterben: »Am 13. Dezember 1769 kam die Erlösung von dieser Welt und die Trauer war groß in Deutschland. Meine große Religiosität, meine Uneigennützigkeit, mein Wohlwollen gegen alles auf der Welt, die hingebende Freundschaft und meine große Bescheidenheit, das waren meine Charaktereigenschaften. So sagen es die anderen.« Das war nicht übertrieben. Gellerts Grab wurde zu einer Wallfahrtsstätte, bis der Magistrat einschritt. Denn zu viele Verehrer nahmen von ihrem Besuch eine Handvoll Erde von seinem Grab mit, sodass sie ihn am Ende fast ausgegraben hätten.

Gellert-Fenster nach einem Porträt (1769) von Anton Graff (1736–1813); Turm und Portal mit Skulpturen: zentral Christus, flankierend Petrus und Paulus, Martin Luther und Philipp Melanchthon

Paul-Fleming-Denkmal (1896) auf dem Platz des alten Rathauses von Max Meißner (1859–1942), heute Marktplatz von Hartenstein

Hartenstein und Paul Fleming
Wo alles begann

Diese Frage wüssten wohl auch sehr belesene Mitmenschen nicht zu beantworten: In welcher kleinen Stadt wurde die deutsche Dichtkunst geboren? Doch man muss nur den Zug von Aue oder den Bus von Zwickau nehmen, dann kommt man bequem nach Hartenstein. Steigt man in der Ortsmitte aus dem Bus, steht man sogleich vor dem Denkmal des berühmtesten Sohnes des Städtchens: Paul Fleming. Auch wenn nur wenige seinen Namen heute noch kennen, war er doch gemeinsam mit seinem Vorbild, dem Schlesier Martin Opitz, der erste bedeutende hochdeutsche Dichter. Im Vergleich etwa zu den Italienern waren die Deutschen spät dran mit dem Versuch, eine eigene volkssprachliche Poesie zu gestalten. Ohne Fleming hätte es noch länger gedauert.

Geboren wurde Paul Fleming 1609 im Lehrerhaus von Hartenstein, das man nach wenigen Schritten erreicht, wenn man vom Markt durch eine Gasse zur Kirche geht. Auf der rechten Seite findet man ein schmuckes historisches Haus, das zum Besuch einlädt. Einem engagierten Verein ist es gemeinsam mit der Stadt gelungen, das Haus zu sanieren und offen zu halten. Eine fein und klug komponierte Ausstellung erzählt Flemings wundersame Geschichte. Fleming war ein Kind des alten Protestantismus und zugleich mehr als dies. Sein Vater begann als Lehrer in Hartenstein und machte später als Pfarrer eine beeindruckende Karriere. Lutherische Frömmigkeit war Paul also in die Wiege gelegt, in der Schule wurde sie um klassisch-humanistische Bildung erweitert. In der Leipziger Thomas-Schule war übrigens der Komponist Johann Hermann Schein – der im rund zwanzig Kilometer südöstlich entfernten Grünhain-Beierfeld,[S. 60] geboren wurde – einer seiner Lehrer. Die innige Verbindung von evangelischem Glauben und humanistischer Bildung sollte Fleming und sein Werk prägen. Lange hat man die Reformation und den Renaissance-Humanismus für Gegensätze gehalten, was nicht zuletzt an einem unseligen Streit zwischen Martin Luther und Erasmus lag. Bei Fleming jedoch kann man sehen, dass der frühe Protestantismus eine Bildungsbewegung war, die ohne die Sprachen, die Künste und Kenntnisse der Antike nicht zu denken ist. Dieser Renaissance-Humanismus macht es heutigen Lesern allerdings nicht leicht, einen Zugang zu seiner Poesie zu finden. Sie ist so anders als das, was man gegenwärtig mit Poesie verbindet. Denn sie ist regelgeleitet, formstreng, rhetorisch sowie voller Bezüge zur antiken Mythologie und Literatur, für deren Verständnis man heute ein Lexikon konsultieren müsste. Das macht das Lesen zunächst mühsam. Wer jedoch genauer hinschaut, findet mitten in dieser Gelehrtenpoesie immer auch Funken eines persönlichen Lebens. Dies ist vor allem in Flemings geistlichen Versen der Fall.

Erschreckend wenig bleibt selbst von den Werken der größten Klassiker im Gedächtnis. Fleming hatte das Glück, dass eines seiner Gedichte vertont wurde und im Evangelischen Gesangbuch zu finden ist. So wird es heute noch in Gottesdiensten von Menschen gesungen, die nicht auf den Gedanken kämen, einen Gedichtband von ihm zu lesen. Zudem hat Johann Sebastian Bach diesem Lied eine Kantate gewidmet. »In allen meinen Taten« ist einer der schönsten, tiefsten und abgründigsten Vertrauenschoräle des deutschen Protestantismus. Er zeigt hochkonzentriert, alles andere weglassend, was den christlichen Glauben ausmacht: Vertrauen. Wer Gott vertraut, in allen Lebenslagen, in den Tiefen, im Glück, der hat alles. Ihm fehlt nichts, wenn er nur von Herzen singen kann. So die erste Strophe:

> In allen meinen Thaten
> laß ich den Höchsten raten
> der alles kan und hat.

Er muß zu allen Dingen
sols anders wol gelingen
selbst geben Raht und That.

Oder die vierte Strophe:

Ich traue seiner Gnaden
die mich für allen Schaden
für allen Übel schützt.
Leb' ich nach sein Sätzen
So wird mich nichts verletzen
nichts fehlen
was mir nützt.

Zum tröstlichen Charakter dieser Verse passt die ruhige Melodie, die von dem zartmüden Abendlied »Nun ruhen alle Wälder« oder dem großen Todestrostchoral »O Welt, ich muss dich lassen« bekannt ist. Das Lied trägt jedoch eine eigentümliche Spannung in sich: In das christliche Gottvertrauen ist Melancholie gemischt, fast so etwas wie Resignation, verbunden mit Ergebung. Letztere war eine Tugend, die für die alten Stoiker so wichtig war, weil sie glaubten, übergroßen Schmerz dadurch vermeiden zu können, indem sie still und stark auch das Unglück annähmen. Davon singt die elfte der insgesamt fünfzehn Strophen:

Hat er es denn beschlossen
So will ich unverdrossen
an mein Verhängniß gehen.
Kein Unfall unter allen
wird mir zu harte fallen.
Ich will ihn überstehn.

Dies ist die schwerste Prüfung des Glaubens: mit Gottvertrauen auch in das eigene Verhängnis zu gehen. Das können heutige Protestanten kaum mitsingen, weshalb diese radikale Strophe nicht mehr im Gesangbuch steht. Aber Fleming war mit einer ganz anderen Lebenshärte konfrontiert gewesen. Als er neun Jahre alt war, brach der Dreißigjährige Krieg über Deutschland herein. Gewalt und Zerstörung, Hunger und Not, dazu Pestepidemien brachten Ungezählten einen vorzeitigen Tod. Von diesen Verwüstungen legt Flemings Ode auf das Neujahr 1633 Zeugnis ab, um dann in der 17. und 18. Strophe Friedensimpulse zu setzen, die überraschend aktuell klingen:

Und ihr Feinde gebt es zu
setzet euch mit uns in Ruh
daß wir bey der letzten Zeit
stehn in sichrer Einigkeit.
Dencket daß der Friede nehrt
dencket daß der Krieg verzehrt
dencket daß man doch nichts kriegt
ob man schon auch lange siegt.

Zum Glück war Flemings Poesie nicht bloß ernst, fromm, tugendhaft, gelehrt und formal korrekt. Von ihm stammt eines der schönsten, witzigsten und klügsten Gedichte über das Küssen, das nichts an Gültigkeit verloren hat. Denn es feiert die Freude der Liebe so, dass der eigene Genuss nie auf Kosten der Geliebten geht. Die Liebe ist ein Spiel, das dann am meisten Glück beschert, wenn Lust und Rücksicht eine Balance finden, also ein gewisses Maß gewahrt wird. Das Gedicht trägt den Titel »Wie er wolle geküsset sein«:

Nirgends hin/als auff den Mund
da sinckts in deß Hertzen grund.
Nicht zu frey/nicht zu gezwungen
nicht mit gar zu fauler Zungen.

Nicht zu wenig/nicht zu viel
Beydes wird sonst Kinderspiel.
Nicht zu laut/und nicht zu leise
Beyder Maß ist rechte weise.

Nicht zu nahe/nicht zu weit.
Diß macht Kummer/jenes Leid.
Nicht zu trucken/nicht zu feuchte
wie Adonis Venus reichte.

Nicht zu harte/nicht zu weich.
Bald zugleich/bald nicht zugleich.
Nicht zu langsam/nicht zu schnelle.
Nicht ohn Unterschied der Stelle.

Paul-Fleming-Geburtshaus mit Ausstellungen zu Paul Fleming, dem Bildhauer Johann Böhme (1595–1667) und dem Pädagogen Gottfried Benedict Funk (1734–1814)

Stadtkirche Hartenstein (1869/70) mit bleiverglasten Spitzbogenfenstern, Altar und darüber positionierter Kanzel; Abendmahlsdarstellung im Stil der Nazarener (19. Jahrhundert)

Halb gebissen/halb gehaucht.
Halb die Lippen eingetaucht.
Nicht ohn Unterschied der Zeiten.
Mehr alleine/denn bey Leuten.

Küsse nun ein Iedermann
Wie er weiß/will/soll und kan.
Ich nur/und die Liebste wissen
Wie wir uns recht sollen küssen.

Kurz und abenteuerlich war Flemings Leben. Von 1633 bis 1639 unternahm er mit einer Delegation aus Schleswig-Holstein eine Reise zum Baltikum, dann durch Russland bis hin nach Persien. Der anspruchsvolle Plan war, eine Alternative zu den von Spanien, Portugal und den Niederlanden beherrschten Seerouten nach Asien zu finden und vielleicht sogar eine Allianz gegen die Türken zu schmieden. Wäre dies gelungen, hätte Schleswig-Holstein eine imperiale Macht werden können. Aber wäre es aus heutiger Sicht wünschenswert gewesen? Die Expedition scheiterte. Immerhin wurde sie im ersten wissenschaftlichen Reisebericht in deutscher Sprache dokumentiert. Dafür mussten Fleming und seine Gefährten Stürme, Schiffbrüche, Überfälle, Unfälle, Krankheiten, Hunger und Durst durchstehen. Ob Fleming dabei an die sechste Strophe seines Gedichts »In allen meinen Taten« gedacht haben mag?

Ich zieh' in ferne Lande
zu nützen einem Stande
an den er mich bestellt.
Sein Segen wird mir lassen
was gut und recht ist/fassen
zu dienen seiner Welt.

Aus dem kleinen Hartenstein war Fleming in die weite Welt gezogen. Sein Kunstverständnis war vielleicht deshalb so gar nicht eng-national: »Kunst hat ihr Vaterland im Abend und im Morgen./Ihr Haus ist Süd und Nord. Wer sie hat, darf nicht sorgen.« Nach seiner Rückkehr sollte er nicht mehr lange leben. 1640 starb Fleming auf der Durchreise in Hamburg an einer Lungenentzündung mit nur dreißig Jahren. Begraben wurde er in der Hauptkirche St. Katharinen. Hinter dem Altar befindet sich eine Gedenktafel für ihn. Es ist kaum zu glauben, aber Fleming vermochte es noch, seine eigene Grabinschrift zu dichten [Klarien = Musen. Othem = Atem]:

Herrn Pauli Flemengi der Med. Doct. Grabschrifft
[Fleming hatte Medizin studiert.]
so er ihm selbst gemacht in Hamburg
den XXIIX. Tag des Mertzens m.dc.xl.
auff seinem Todtbette
drey Tage vor seinem seel: Absterben.

Ich war an Kunst/und Gut
und Stande groß und reich.
Deß Glückes lieber Sohn.
Von Eltern guter Ehren.
Frey; Meine.
Kunte mich aus meinen Mitteln nehren.
Mein Schall floh überweit.
Kein Landsmann sang mir gleich.

Von reisen hochgepreist;
für keiner Mühe bleich.
Jung/wachsam/unbesorgt.
Man wir mich nennen hören
Biß daß die letzte Glut
diß alles wird verstören.
Diß/Deutsche Klarien
diß gantze danck' ich Euch.

Verzeiht mir/bin ich's werth
Gott/Vater/Liebste/Freunde.
Ich sag' Euch gute Nacht
und trette willig ab.
Sonst alles ist gethan
biß an das schwartze Grab.

Was frey dem Tode steht
das thu er seinem Feinde.
Was bin ich viel besorgt
den Othem auffzugeben?
An mir ist minder nichts
das lebet/als mein Leben.

Salvatorkirche Weißbach

Bauzeit: 1515/16, 1692–94, 1895
Stil: Gotik, Barock, Neogotik
Form: Saalkirche
Architekt: Oscar Mothes (1828–1903)

Die auf einer Anhöhe stehende Salvatorkirche ist ein weiß verputzter Bau mit dreiseitigem Chor, rhythmisiert durch Strebepfeiler und schlanke, zweibahnige Maßwerkfenster. Der Turm im Westen steht auf quadratischem Grund und trägt ein oktogonales Glockengeschoss mit barocker Schweifkuppel und offener Laterne. Turm und Langhaus sind schiefergedeckt.

Das Innere der Kirche ist eine dörfliche Bilderbibel par excellence. Zwischen 1747 und 1753 wurden hier die Decke und die Brüstungsfelder der zweigeschossigen Empore auf der Nord- und auf der Westseite mit Szenen des Alten und Neuen Testaments bemalt. Die Empore auf der Ostseite beherbergt über dem Altar die romantische Eule-Orgel. Der alle Kriterien der Spätgotik erfüllende Altar stammt von dem Zwickauer Schnitzer Peter Breuer (1472–1541), der sowohl bei Tilman Riemenschneider (1460–1531) als auch bei Gregor Erhart (1465–1540) in die Lehre ging. In der Predella ist die Heilige Familie zu sehen. Im Schrein steht zentral Christus als König der Welt mit Zepter und Kugel, flankiert von Ägidius mit der Hirschkuh und Quirin von Rom als Ritter. In den Flügeln stehen links Petrus mit dem Schlüssel und Laurentius mit dem Rost, rechts Sebastian, von Pfeilen durchbohrt, und Thomas mit Buch und Lanze. Im Gesprenge thront eine Mondsichelmadonna, flankiert von zwei weiblichen Heiligen, vermutlich Barbara mit dem Kelch und Katharina mit dem Buch. Die sandsteinerne Taufe trägt einen barocken Holzdeckel mit Jesus und den Kindern (Markus 10, 13–16). Auch die Kanzel ist aus Sandstein gefertigt. Sie wird von Petrus getragen, in den Blendbögen sind Reliefs von Christus und den vier Evangelisten.

Salvatorkirche mit Altar von Peter Breuer, darüber die Eule-Orgel; die Bilderbibel schmückt auch die Decke, hier Jesu Taufe im Jordan (Matthäus 3, 13–17)

447 1-3
089
0117
170

168 1-3
362 1-3
043 1-3
419
064 1-3

Johanniskirche Lößnitz

Bauzeit: 1817–26
Stil: Klassizismus
Form: Saalkirche
Architekten: Christian Friedrich Schuricht (1753–1832), Raphael Rigel (1787–unbekannt)

Die Lößnitzer Johanniskirche ist eine der größten klassizistischen Kirchen in Sachsen. Ihr erhöhter Standort unterstreicht diese Wirkung zusätzlich. Die Kirche ist ein weiß verputzter Bruchsteinbau mit quadratisch fußendem Westturm, der über der Haube eine offene Laterne trägt. Der Außenbau hat eine typisch klassizistische symmetrische Gliederung, die stark von den von Dreiecksgiebeln überfangenen Mittelrisaliten bestimmt wird, in deren Mittelachse jeweils Portale stehen. Die schmalen, hohen Rundbogenfenster, wechselnd mit Pilastern, öffnen den Raum großflächig.

Der Saal zeigt sich sehr erhaben. Unter einem muldenartigen Tonnengewölbe erstrecken sich allseitig dreigeschossige Emporen. In das Untergeschoss und die untere Empore sind kannelierte dorische Säulen eingestellt, darüber stehen ionische Säulen. Beide Emporensegmente sind durch einen Triglyphenfries verbunden. Diese horizontale Harmonisierung ist altrosa abgesetzt und wiederholt sich farblich in den Emporenbrüstungen und im Gesims unterhalb des Gewölbes. Die Emporen in der halbrunden Apsis des Chores sind je zweigeschossig mit rundbogigen Holzsprossenfenstern verglast. Dahinter befinden sich Logen. In der zentralen Fürstenloge befindet sich ein Buntglasfenster mit dem Motiv der Auferstehung Christi, ein verbreiteter Bildtypus der Renaissance, der biblisch nicht beschrieben, sondern als Fakt in den Fortgang der Geschichte von Karfreitag bis Ostern eingebunden ist. Im dreistufig erhöhten Chor steht ein Kanzelaltar, getragen von Säulen korinthischer Ordnung. Das Lößnitzer Bornkinnel (2001), die Schlange bezwingend, stammt von dem ortsansässigen Bildhauer Robby Schubert (*1964).

Saal mit abgeschranktem Altarraum, Altar und darüber auf Säulen positionierte Kanzel; Symbol erzgebirgischer Frömmigkeit: das Bornkinnel

Marienkirche Gersdorf

Bauzeit: 1862–65, 1955/56
Stil: Historismus, Rundbogenstil
Form: Saalkirche
Architekten: Carl August Schramm (1807–69), Georg Laudeley (1901–78)

Unweit der Gersdorfer Glückauf-Brauerei steht die Marienkirche, die durch ihre Größe und die von außen aufwändig wirkende Chorgestalt, vor allem aber durch die markante Farbigkeit auffällt – alle Fenster und Portale des hell verputzten Ziegelbaus sind mit rotem Backstein eingefasst und machen so die ausgewogene Rhythmisierung des Baus weithin sichtbar. Erbaut wurde sie von Carl August Schramm, der bei Karl Friedrich Schinkel in die Lehre ging, nach dessen Plänen die Johanniskirche in Zittau (1834–37) errichtet wurde und der auch verantwortlich für das Rathaus in Kamenz (1847/48) war. Die Marienkirche ist eine Saalkirche, deren große, rundbogige Obergeschossfenster jeweils mit kleineren rundbogigen Zwillingsfenstern der beiden Untergeschosse in einer Achse stehen. Der halbrunde Chor hat ein eingezogenes Mezzaningeschoss. Der auf quadratischem Grund fußende Turm verjüngt sich über mehrere Geschosse und trägt oben eine von einer Balustrade umstellte, spitze Haube. Turm und Kirchendach sind schiefergedeckt.

Der weite, helle Saal der Kirche wird auf beiden Langseiten von zweigeschossigen Holzemporen eingefasst. Die Empore auf der Westseite ist eingeschossig und trägt eine Jehmlich-Orgel. Unter der hellen, hölzernen Flachdecke öffnet sich ein großer Triumphbogen zum fünfstufig erhöhten Chor, in dessen Mitte ein schlichter Altartisch steht. Links und rechts des Altars laufen beidseitig im Halbrund auskragende Treppen oberhalb des Altars zusammen und münden dort in einem schmucklosen, halbrunden Kanzelkorb. In der Apsiskalotte thront Christus mit den Evangelisten in einem Monumentalgemälde von Ludwig Kriebel (1823–90).

Altarwand, überfangen mit Matthäus 24, 35 – flankiert von Engeln; Motivfenster unterhalb der Emporen (Lukas 10, 42 und Markus 10, 14)

HIMMEL UND ERDE WERDEN VERGEHEN MEINE WORTE ABER WERDEN NICHT VERGEHEN

MARCVS

Dorfkirche Thierfeld mit Barbarakapelle

Bauzeit: 13. Jahrhundert, 1732–34, 1841, 1896/97
Stil: Romanik, Barock, Historismus
Form: Chorturmkirche, Saalbau
Architekt: Hans Enger (um 1850–ca. 1920)

Thierfeld beherbergt eine der ältesten Kirchen Sachsens, die ursprünglich Ende des 13. Jahrhunderts als Chorturmkirche errichtet wurde. Der verputzte Bruchsteinbau hat einen stark eingezogenen Chorturm, an den sich die Kapelle anschließt. Der Chorturm hat ein Kreuzdach, auf dem ein oktogonaler Dachreiter mit langgezogener Spitze thront. Die Fenster des Langhauses sind von Stichbögen überfangen. Turm und Kirche sind schiefergedeckt.

Das Langhaus ist innen flach gedeckt und dreiseitig von Emporen umstanden. Hier finden sich sächsische Besonderheiten: eine Tauflese – auch Lesepulttaufe – und ein Bornkinnel. Die Tauflese ist von sinnstiftender Praktikabilität, die Theologie multifunktional verdichtet: Die Taufe wird bekrönt von einem Pult. Auf dem symbolischen Quell der Gemeinschaft liegt das verbindende, orientierende Wort. Das Bornkinnel – eins aus dem 17. Jahrhundert – ist die plastische Einzeldarstellung des Jesusbabys, stehend, mit goldenem Haar und samtrotem Gewand, mit wissendem Blick und dem Friedensgestus. Hier treffen mystische Vertiefung und sinnliche Anschauung in der heilig und wahrhaftig empfundenen Schönheit des Kindes zusammen. In den Weihnachtstagen ersetzt es das Kreuz auf dem Altar. Diese jährlich zum Andachtsbild werdende Christkindfigur sagt viel über die Religiosität dieser an Brauchtum und Schnitzkunst reichen Region. Saal und Kapelle sind durch das Turmuntergeschoss verbunden. Das Gewölbe der Barbarakapelle ist ein Kleinod mittelalterlicher Ausmalung, im Sternenhimmel zentral das Lamm Gottes, umgeben von den Evangelisten, auf den Wänden Apostel und Könige in Stadtansichten.

Barbarakapelle mit Sternenhimmelgewölbe; Langhaus links mit Tauflese, rechts mit Kanzel, zentral über dem Triumphbogen Kreuzigungsgruppe

Wehrkirche Großrückerswalde

Bauzeit: 15. Jahrhundert, 1594, 1686–90, 1753/54
Stil: Gotik, Barock
Form: Saalkirche
Architekt: Christoph Brandt (*1686/87)

Die Wehrkirche in Großrückerswalde ist eine der schönsten ihrer Art. Der Saalbau aus Bruchstein steht auf rechteckigem Grund ohne gesonderten Chorabschluss. Über dem umlaufenden, hölzernen Wehrgang erhebt sich ein Walmdach, in dessen Mitte ein kräftiger, quadratischer Dachreiter als Glockengeschoss thront, der von einer offenen Laterne bekrönt wird. Der Saal wird von hohen Segmentbogenfenstern erhellt, die im 18. Jahrhundert eingebaut wurden. Auf der Südseite öffnet sich eine kleine Vorhalle, die als Zugang dient, ebenso auf der Ostseite, wo der separate Zugang zur Herrschaftsloge zu finden ist.

Der Innenraum wird von einer Kassettendecke überspannt und ist maßgeblich von der dreigeschossigen Empore geprägt, deren Brüstungen ein reiches Bilderbuch darstellen, das neben einer Vielzahl von Darstellungen maßgeblicher Erzählungen und Gleichnisse aus dem Alten (zweites Brüstungsgeschoss) und Neuen Testament (erstes Brüstungsgeschoss) auch Zeugnis vom Arbeitsalltag der Entstehungszeit gibt – unter anderem mit Darstellungen aus dem Bergbau und der Holzkohlegewinnung. Der Altar, den Georg Oehmichen 1649 geschaffen und im Schleierwerk aufwändig mit Akanthus versehen hat, ist erst 1829 als Kanzelaltar umfunktioniert worden. In der Predella findet sich das letzte Abendmahl, darüber ist die 1690/91 polygonal von Christoph Brand gestaltete Kanzel. Darüber schließt eine Darstellung Jesu in Gethsemane (Matthäus 26, 36–46) den Kanzelaufbau ab. Flankiert wird der Kanzelkorb links von Christus und Petrus, rechts von Paulus und Johannes dem Täufer. In den äußeren Medaillons ist der englische Gruß dargestellt – links der Engel Gabriel, rechts Maria.

Saal im Erntedankschmuck mit Kanzelaltar und dreigeschossiger Empore; Brüstungsgemälde mit salomonischem Urteil (1. Könige 3, 16–28)

St.-Pankratius-Kirche Tragnitz

Bauzeit: 15. Jahrhundert, 1659, 1904
Stil: Gotik, Barock, Historismus, Jugendstil
Form: Saalkirche
Architekt: Fritz Drechsler (1861–1922)

Die St.-Pankratius-Kirche beeindruckt durch die Überformung des Langhauses mit Elementen des Jugendstils und die eindrückliche Innengestaltung durch Paul Horst-Schulze (1876–1937). Es ist eine grau verputzte Saalkirche mit leicht eingezogenem, dreiseitig geschlossenem und von Spitzbogenfenstern erhelltem Chor, der von Strebepfeilern umstanden wird. Das Langhaus hat unter geradem Sturz jeweils ein dreibahniges Fenster, dessen Mitte deutlich breiter und motivisch betont ist. Wuchtige Pfeiler scheiden die drei Fensterbahnen voneinander. Den Westturm bekrönt ein Glockengeschoss mit Satteldach und Dachreiter.

Im Inneren fällt der Blick zunächst auf die Holzpfeiler mit symbolistisch-floralen Jugendstilornamenten, die den Triumphbogen flankierenden musizierenden Engel, das Deckengemälde mit dem thronenden Weltenrichter, die mit Engeln bestückten Hängeleuchter und schließlich die eindrucksvollen Glasfenster mit der Kreuzigung (Markus 15, 21–41) auf der Nord- und den Frauen am leeren Grab (Markus 16, 1–8) auf der Südseite – allesamt Werke von Paul Horst-Schulze (1904), die ein lebendiges Bild vom Jugendstil und der Kunstauffassung der Zeit geben. Der im Chor befindliche Altar mit medaillonartigen Schleierbrettern stammt von dem Bildhauer Valentin Otte (1596–1673). Als Erstellungsjahr ist 1659 vermerkt. Die Kanzel, deren Aufgang mit Darstellungen des barmherzigen Samariters (Lukas 10, 25–37) und Jakobs Traum von der Himmelsleiter (1. Mose 28, 10–22) bestückt ist, stammt von 1652. Ein vormaliger Beichtstuhl von 1660 im Chorraum trägt die Weissagung »Gottes Auge siehet alles«.

Flachdecke mit dem thronenden Weltenrichter und Triumphbogen mit flankierenden, musizierenden Engeln; Südfenster mit den Frauen am leeren Grab

Stadtkirchen rund um Chemnitz
Größe und Licht

Es ist heute schwer vorstellbar, dass ein Großteil der Bevölkerung dieses Landstrichs in vergangener Zeit ganztägig unter Tage oder in von Lärm erfüllten Fabrikhallen arbeitete und vom Tageslicht nur wenig sah. Um wie viel gewaltiger und unwirklich entrückt müssen seinerzeit ihre Kirchen gewirkt haben, wenn wir heute noch staunend diese großen Räume des Lichts und der Erhabenheit betreten und der auratisch einnehmenden Kraft wie der architektonischen und künstlerischen Leistungen gewahr werden – wie viel händische Meisterschaft, wie viel konzeptionelle und symbolische Durchdringung bis hin zu den erzählten Geschichten, die wir heute mitunter nur noch mühsam entziffern können, weil wir der Bildsprache nicht mehr mächtig sind.

Inwieweit die fulminanten Bilderbibeln auf den Altären, an den Emporenbrüstungen oder auf den Epitaphen – den Gedächtnistafeln begüterter Persönlichkeiten vor allem der Renaissance und des Barock – tatsächlich allen verständlich waren, sei dahingestellt. Grundsätzlich aber waren die daran geknüpften biblischen Erzählungen und Gleichnisse, die Darstellungen der biblischen wie der vorchristlichen Kardinaltugenden (biblisch: Glaube, Liebe, Hoffnung, dazu durch Hildegard von Bingen: Geduld; durch Martin Luther: Beharrlichkeit – bei Platon: Tapferkeit, Gerechtigkeit, Besonnenheit, Klugheit) und natürlich die wichtigsten heiligen Männer und Frauen rund um die heilige Familie, die vier Evangelisten, die zwölf Apostel und einige Propheten des Alten Testaments mit ihren Erkennungsmerkmalen bekannt. Im protestantischen Kirchenbau kamen wenigstens noch Martin Luther und Philipp Melanchthon dazu. Sie alle finden sich auch in den Stadtkirchen rund um Chemnitz, die in ihrer jeweils besonderen Gestalt immer auch der Stolz der Stadt, ihr weithin sichtbarer Orientierungspunkt, die einzig öffentliche Uhr, die über das Geläut den Takt des Tages vorgab, und schließlich auch immer Ort kultureller Entfaltung und künstlerischer Praxis waren – durch angeschlossene Schulen, in besonderem Maße aber durch die Kirchenmusik, die bis in das 19. Jahrhundert alle Musik überhaupt prägte, zumal in Sachsen mit Kantoren wie Rudolf Mauersberger, 1930 bis 1971 Leiter des Dresdner Kreuzchores, und seinem Bruder Erhard Mauersberger, 1961 bis 1972 Leiter des Leipziger Thomanerchores und zeitweise auch des Gewandhauschores. Beide stammen aus dem kleinen Erzgebirgsort Mauersberg nahe Großrückerswalde,[S. 94] wo bereits ihr Vater Kantor war, und sind Beispiele für viele andere Männer und Frauen. Mit der Kirchenmusik ermöglichen sie allen wesentlich die Teilhabe an biblischer Geschichte.

Dank des Reichtums der Gegend durch den Bergbau konnten die wachsenden Städte rund um Chemnitz vor allem während der Zeit der Spätgotik besondere Baumeister und Architekten, Steinmetze und Maler locken, die die hier vorgestellten Kirchen zu Kostbarkeiten gemacht haben. Darüber hinaus haben die Städte um 1900 hier aber auch noch einmal besonders vom Jugendstil profitiert – nicht nur die fernere Residenzstadt Dresden mit der Christuskirche in Strehlen (1902–05) oder der Versöhnungskirche in Striesen (1905–09), sondern auch Zwickau mit der Lutherkirche[S. 104] oder Aue-Zelle mit der Friedenskirche (1912–14),[S. 99] die neben den genannten Kirchen in Strehlen, Wiesa[S. 48] und Zwickau einen Glanzpunkt im Schaffen der Architekten Rudolf Schilling und Julius Graebner markiert. Die beiden Kirchenarchitekten hatten zunächst historistisch im Stil der Neorenaissance begonnen – 1891 mit der Lutherkirche in Radebeul, 1893 bis 1896 mit der Kirche im erzgebirgischen Hohenfichte und schließlich 1895/96 mit der Kirche in Stenn bei Zwickau – danach avancierten sie zu den erfolgreichsten Baumeistern des Jugendstils in Sachsen, die auch an der Westfassade der Stadtkirche St. Jakobi in Chemnitz[S. 16] ihre Spuren hinterlassen haben.

Aue-Zelle mit der Friedenskirche (1912–14) auf dem Zeller Berg von den Dresdner Architekten Rudolf Schilling (1859–1933) und Julius Graebner (1858–1917)

Dom St. Marien Zwickau

Bauzeit: ab 1180, 1453–1563, 1671–79
Stil: Gotik, Renaissance, Barock
Form: Hallenkirche
Architekten: Hans und Nickel Eichhorn, Peter Harlaß, Caspar Teicher, Oskar Mothes (1828–1903)

Die Stadtkirche St. Marien wurde ab etwa 1180 zunächst als romanischer Saalbau errichtet. Die Hauptbauzeit der heutigen Kirche liegt zwischen 1453 mit dem Beginn des Chorneubaus und 1563, wo der Chor neu eingewölbt wurde. Zwischen 1671 und 1679 erhielt der Turm seinen barocken Aufsatz. Umfangreiche Renovierungen fanden 1885 bis 1891 im Zuge der seinerzeit vielerorts üblichen Regotisierung statt. St. Marien – seit 1935 auch als Dom bezeichnet – ist eine kraftvolle, breit gelagerte, dreischiffige Hallenkirche aus Sandstein, die von kräftigen Strebepfeilern rhythmisiert ist, welche die sechs Joche des Langhauses klar strukturieren. Auch der eingezogene Chor ist dreischiffig und hat einen 5/15-Schluss. Auf der Nordseite befindet sich eine Sakristei, die in Verlängerung der Wand des nördlichen Seitenschiffes anschließt. Die Wandflächen sind zweigeschossig, mit aufwändigem Maßwerk gestaltet und einzeln oder paarweise figürlich mit Aposteln, Reformatoren und Menschen der Stadt geschmückt. Diese sind allesamt Zutaten des 19. Jahrhunderts. Höhepunkt ist auf der Südseite das Brautportal mit der Darstellung vom Gleichnis der klugen und törichten Jungfrauen (Matthäus 25, 1–13), wie es in vorbildhafter Form am Dom St. Mauritius und Katharina in Magdeburg oder an einem der Triangelportale am Dom St. Marien in Erfurt zu sehen ist. Im vorgelagerten Westbau steht zentral der quadratisch grundierte Turm, der ab dem dritten Obergeschoss oktogonal gestaltet ist und zwei offene Laternen trägt.

Das weiträumige Langhaus ist museal gefüllt. Unter der Orgelempore befindet sich das Ratsherrengestühl, 1617 von Paul Corbian geschnitzt, das zwischen den Stützpfeilern der Gerechtigkeit

Marienaltar (1479), flankiert von barocken evangelischen Beichtstühlen (1632); die trauernde Mutter, »Pietà« (1502) von Peter Breuer (1472–1541)

und der Stärke (mit Säule) Tugenden zeigt, die das Ideal der Zeit prägen: Glaube (mit Kreuz), Liebe (mit Kindern), Hoffnung (mit Anker), Klugheit (mit Spiegel), Geduld (mit Kelch und Gefäß) und Freigiebigkeit (das Lamm fütternd). Architektonisch auffällig ist der Wendelstein am Strebepfeiler zwischen dem fünften und sechsten Joch des Nordschiffes. In einer der Seitenkapellen befindet sich dort außerdem eine ausdrucksstarke Pietà (1502) des Zwickauer Bildhauers Peter Breuer (1472–1541). Die Kanzel ist, wie der Taufstein, ein Werk der Renaissance des bedeutenden sächsischen Baumeisters Paul Speck (vor 1510–57) von 1538. Ein Triumphbogen markiert den Übergang vom Langhaus in den eingezogenen Chor. Dort findet sich am nördlichen Pfeiler die Figur eines Diakons oder Mönchs (um 1500), am südlichen Pfeiler eine eindrückliche, ganz im barocken Gestus aufgehende Figur Christi als Schmerzensmann. Der Wandelaltar von 1479 ist eines der großen Werke von Michael Wolgemut (1434–1519), dem Vorbild von Albrecht Dürer (1471–1528), der seinen Lehrer seinerzeit auch porträtiert hat. Das malerische Werk ist allerdings nur in vom kirchlichen Kalender bestimmten Zeiten sichtbar – dazu zählt die Advents- und Weihnachtszeit, für die Wolgemut vier Szenen ausgewählt hat: den englischen Gruß, die Geburt, den Besuch der heiligen drei Könige und die Heilige Familie. Die figürliche Festseite – vermutlich ein Werk aus der Werkstatt von Veit Stoß (1447–1533) – zeigt zentral Maria auf der Mondsichel, paarweise flankiert von Katharina mit dem Schwert und Barbara mit dem Kelch, dann Maria Magdalena mit dem Salbgefäß und Margarete mit dem Drachen. Im linken Außenflügel stehen Agnes mit dem Lamm und Lucia mit der Lanze, im rechten vielleicht Ursula (ohne Attribut) und Dorothea mit dem Blumenkorb. Rückseitig sind unter anderem das Jüngste Gericht (Matthäus 25, 31–46) und das Manna-Wunder (2. Mose 16) dargestellt.

Renaissance-Kanzel (1538), Paul Speck (vor 1510–57); Jungfrauenportal (1891) an der Südseite von Leo Münch; Ratsgestühl (1617) von Paul Corbian

SELIG SIND DIE DA HUNGERT UND
DÜRSTET NACH DER GERECHTIGKEIT
DENN SIE SOLLEN SATT WERDEN
KOMMET HER ZU MIR ALLE
DIE IHR MÜHSELIG UND BELADEN SEID
ICH WILL EUCH ERQUICKEN

Lutherkirche Zwickau

Bauzeit: 1902–06
Stil: Jugendstil
Form: Saalkirche
Architekten: Rudolf Schilling (1859–1933) und Julius Graebner (1858–1917)

Der Jugendstil schafft in der Verbindung aus solidem Handwerk und der aus der floralen Form entwickelten Spielfreude eine spezifische Einheit robuster Materialität und beinahe immaterieller Zartheit, die durch die Vorliebe für Engel als himmlische Wesen auf Erden symbolisch noch verstärkt wird. Die Lutherkirche Zwickau, ein mit Sandstein verblendeter Ziegelbau, wurde als Saalkirche auf unregelmäßigem Grundriss errichtet. Der Chor ist dreiseitig geschlossen. Im Nordwesten ist ein Turm angestellt, der in den Obergeschossen oktogonal ausgebaut ist. Er wird von einem kräftigen Helm bekrönt, der, wie der Treppenturm auf der Südseite, mit Kupfer gedeckt ist. Am Saal und am Chor befinden sich mehrere Anbauten. Eindrücklich ist das fulminante, stufig erhöhte Portal auf der Westseite, das von zwei Wandpfeilern mit bekrönenden Engeln gerahmt ist. Auf Höhe der Oberlichter sind beidseitig überlebensgroße Statuen des Apostels Paulus mit Bibel und Schwert und Martin Luthers (1483–1546), der in gesenkten Händen die Bibel hält und visionär in die Ferne blickt. Zentral im Oberlicht steht der Drachentöter Georg, in den flankierenden Medaillons sind Reliefs der Gleichnisse vom Sämann (Matthäus 13, 1–9) und vom Guten Hirten (Johannes 10, 1–18) eingelassen. Über dem Türsturz steht in Jugendstiltypografie »Hier steh ich/Ich kann nicht anders/Gott helfe mir Amen« – der Satz, von dem es heißt, Luther habe ihn gegenüber dem Kaiser 1521 auf dem Reichstag in Worms gesagt, womit eine Urformel des Protestantismus geprägt wurde. Historisch richtig ist wohl sein Ausruf »Ich bin hindurch«. Ein breites Relief darüber zeigt den predigenden Luther auf dem Altan des Zwickauer Rathauses

Altar, flankiert von auf Postamenten stehenden Engeln mit Versen aus dem Matthäusevangelium (links Kapitel 5, Vers 6; rechts Kapitel 11, Vers 28)

im April/Mai 1522 – ein Werk von Gustav Walther nach dem Modell von Caspar Friedrich Heinrich Wedemeyer (1867–1941). Die Rundbogenfenster des Langhauses tragen Jugendstildekor, die Fenster des Chores sind mit Maßwerk verziert. Über der Sakristei ist das Relief eines schreienden Hirsches eingelassen (Psalm 42, 2).

Das Tonnengewölbe des Kirchsaals ist eine Stahlbetonkonstruktion. Auf der Nord- und der Westseite sind über den seitenschiffartigen Erweiterungen, die durch korbbogige Arkaden mit dem Saal verbunden sind, Emporen eingestellt. Auf der Westempore steht die dreimanualige Orgel der Dresdner Firma Jehmlich.

Der Sandstein-Altar spiegelt das repräsentative Verständnis seiner Zeit. Er ist raumeinnehmend konzipiert, von Durchgängen flankiert. Das Antependium zeigt das Lamm mit Nimbus und Siegesfahne, an der die Dornenkrone hängt, symbolisch von fünf Passionsblumen für die fünf Wundmale gerahmt. Wirkungsvoll ist das Gemälde von Fritz von Uhde (1848–1911), basierend auf Matthäus 4, 16: »Das Volk, das in Finsternis saß, hat ein großes Licht gesehen.« Jesus wendet sich von rechts aus dem Licht abwärts in einen dunklen Raum links, in dem Menschen teils im Licht, teils erleuchtet, teils im Dunkel sitzen. Sein Gestus ist christlich, sein Aussehen wie das der Menschen vor ihm: alltäglich, realistisch, weit entfernt von der typischen Idealisierung der Zeit. Das Bild ist ornamental gerahmt.

Horizontal schwebende Engel, die gegenüber auch die Balustrade der Orgelempore schmücken und über beiden Seitenausgängen zu sehen sind, tragen den Schlussstein wie eine Krone. Die zylindrische Kanzel trägt Reliefs des Lobgesangs auf die Geburt Christi (Lukas 2, 14), der Auferstehung (Johannes 11, 25) und von Pfingsten (Johannes 16, 13). Die Taufe wird friesartig von Kinderengeln umsäumt, die die Verse Apostelgeschichte 1, 5 und Markus 16, 16 präsentieren.

Kanzel, Taufstein und Altaraufbau stammen von Gustav Walther, die Kanzelreliefs von Hans Hartmann-McLean (1862–1946)

HIER STEH ICH
ICH KANN NICHT ANDERS
GOTT HELFE MIR AMEN

Freiberger Dom St. Marien

Bauzeit: 1180–1230, 1386, 1484–1512, 1585–94, 1902/03; Stil: Romanik, Gotik; Form: Hallenkirche Architekten: Johann und Bartholomäus Falkenwalt, Giovanni Maria Nosseni (1544–1620), Rudolf Schilling (1859–1933) und Julius Graebner (1858–1917)

Der Freiberger Dom St. Marien zählt mit der Leipziger Thomaskirche zu den ersten dreischiffigen Hallenkirchen der Spätgotik in Sachsen. Von der ursprünglichen, romanischen Basilika findet sich heute noch die Goldene Pforte, die das Westportal darstellte. Nach einem Brand 1484 wurde die Kirche von den Brüdern Johann und Bartholomäus Falkenwalt fast vollständig neu errichtet und 1512 neu geweiht. Giovanni Maria Nosseni leitete zwischen 1585 und 1594 die Erweiterung des Chores als Grabanlage der Wettiner, deren Stammburg im anhaltischen Wettin an der Saale liegt. Von etwa 1000 bis ins 19. Jahrhundert stellte das Geschlecht bedeutende thüringische Landgrafen und sächsische Kurfürsten.

Der verputzte Bruchsteinbau mit Sandsteineinfassungen ist klar strukturiert und hat neben den beiden unregelmäßig angelegten Westtürmen als Schauseite zum Markt den langgestreckten Chor mit 5/8-Schluss und markanten Strebepfeilern. Das Vorchorjoch hat nördlich einen rechteckigen, südlich einen polygonalen Anbau. Die Goldene Pforte öffnet sich südlich am letzten Langhausjoch. Sie ist von einem hoch aufragenden Schutzbau im Jugendstil von den seinerzeit bekannten Dresdner (Kirchen-) Architekten Rudolf Schilling und Julius Graebner umstellt, an den in süd-südwestlicher Richtung der Kreuzgang grenzt. In seiner Südwestecke befindet sich ein kleiner Kapellenbau, in der Nordwestecke die rechteckige Annenkapelle. Die Westfassade ist vergleichsweise schmucklos. Dort dominiert der stark vortretende südliche Turm, der den nördlichen Turm an Höhe deutlich überragt. Die Goldene Pforte (1225–30) kam um 1485 an ihren heutigen Platz. Sie präsentiert den

»Goldene Pforte«, Maria als Himmelskönigin im Tympanon; floral umspieltes Netzgewölbe im Langhaus; Triumphkreuzgruppe (1225) im Triumphbogen

vollendeten Rundbogen der Romanik und in der plastischen Ausarbeitung schon eine in die Gotik weisende Filigranität. Die Figuren im flankierenden Gewände, die paarweise ([illegible]nen: Daniel und Aaron, dann je links Salomo und die Königin von Saba, rechts David und Bathseba, schließlich wieder gegenüber Johannes der Täufer und Johannes der Evangelist) auf die Geburt Christi hindeuten, stehen teilweise schon gänzlich frei; die abwechselnd eingestellten Säulen variieren motivisch lebendig. Im Tympanon thront die Gottesmutter und präsentiert den drei Weisen/Königen (der Welt) den Messias (Matthäus 2, 1–12), rechts sind der Erzengel Gabriel und Ziehvater Josef. In den Archivolten wechseln geometrischer Schmuck und figürliche Erzählungen von der Marienkrönung über die Rettung der Seele in Abrahams Schoß und die Allgegenwart des Heiligen Geistes in der Taube bis hin zur Auferstehung der Toten in der vierten Archivolte.

Innen zieht die Tulpenkanzel alle Blicke auf sich. Sie steht frei im dritten Joch südlich zwischen zwei Pfeilern und wurde um 1505 von Meister HW aus Porphyrtuff aus Chemnitz-Hilbersdorf geschaffen. Am Aufgang der Kanzel sitzt ein in sich gekehrter, sinnender Mann, in seinem Rücken und auf halber Höhe je ein Hund, rückwärtig außerdem zwei Löwen. Auf halber Höhe trägt ein weiterer Mann rucksackgleich die Treppe. Im zweiten Geschoss der Tulpe spielen tanzend vier Kinderengel. Den Kanzelkorb schmücken die vier Kirchenväter: frontal Papst Gregor mit dem Dreibalkenkreuz und Kirchenlehrer Augustin, flankierend der Mailänder Bischof Ambrosius und Bibelübersetzer Hieronymus als Kardinal. Großartig detailreich sind auch die von Bergmännern getragene Bergmannskanzel (1638) von Hans Fritzsche, das Gewölbe im Chor mit dem Jüngsten Gericht (1589–94) von Giovanni Maria Nosseni und die klangschöne, große Orgel (1710–14) von Gottfried Silbermann (1683–1753).

Christophorus-Figur, Ostwand nördliches Seitenschiff; Tulpenkanzel mit Maria als Bekrönung des Schalldeckels, im Hintergrund »Pietà« (um 1430)

JHS

St. Kunigunde Rochlitz

Bauzeit: 1417–78, 1681–88, 1862–84, 1933–35
Stil: Gotik
Form: Hallenkirche
Architekten: Arnold von Westfalen (um 1425–1481), Christian Friedrich Arnold (1823–90)

Die an der Zwickauer Mulde in Mittelsachsen gelegene kleinste Stadt Sachsens trägt dennoch den Titel einer Großen Kreisstadt und ist vor allem wegen des Abbaus eines besonderen Steins, des Rochlitzer Porphyrtuffs, bekannt. Das Schloss mit der markanten Doppelturmanlage und St. Petri, die älteste Kirche der Stadt, an der der Rochlitzer Porphyr farblich die Portale, Fenster und Strebepfeiler bestimmt, und die einen zwischen Langhaus und Chor markant aus dem Dach aufsteigenden, oktogonalen Turmaufsatz mit welscher Haube und offener Laterne besitzt, zählen ebenso zu den Sehenswürdigkeiten des Ortes wie der auf dem Marktplatz vor dem Rathaus stehende Brunnen. Er ist gleichzeitig Denkmal für die Gefallenen des Ersten Weltkriegs (1929) von Georg Wrba (1872–1939), der auch Altar, Pult und Kanzel des Wurzener Doms St. Marien auf einmalige Weise gestaltet hat. Auch die 1904 von Arthur Schulz (1873–1943) geschaffene Büste von Johannes Mathesius (1504–65), einem wichtigen Sohn der Stadt, zählt dazu. Als Wegbegleiter Martin Luthers hatte er dessen erste Biografie und als »Vater der Mineraliensammler« mit »Sarepta oder Bergpostilla« eine bedeutende Abhandlung über Mineralien veröffentlicht.

Besonders ist vor allem die Stadtkirche St. Kunigunde, benamt nach der Gemahlin Kaiser Heinrichs II. (973/78–1024), deren hell verputztes, querrechteckiges Turmuntergeschoss noch vom Vorgängerbau stammt. Das Obergeschoss mit den seitlichen Turmabschlüssen und der zentral errichtete Mittelturm, zunächst quadratisch, darüber oktogonal mit umlaufender Balustrade, Haube und offener Laterne wurden nach dem Brand von 1681 aufgesetzt. Der Saal

Chorraum mit dreistufig erhöhtem Altarbereich, davor unter dem Triumphbogen Taufe (1548), Engelpult und neogotische Kanzel

aus Rochlitzer Porphyr hat beinahe quadratische Ausmaße. An ihn schließt sich ein eingezogener, schlanker Chor mit 7/12-Schluss an. Der gesamte Bau ist von Strebepfeilern umstellt und facettenreich gegliedert, unter anderem mit Kielbogenrahmungen. Die dreibahnig schlank aufsteigenden Fenster tragen fantasievolles Maßwerk. Auf der Nordseite des Chores schließt eine zweijochige Sakristei an. Das eindrucksvolle Portal auf der Südseite ist von einem mit Krabben besetzten Kielbogen überfangen und trägt im Bogenfeld ein von Engeln flankiertes Christusbild im Nimbus. Das Turmuntergeschoss weist noch eine Kreuzrippenwölbung auf. Die dreijochige Halle mit schlanken oktogonalen Säulen hat im Mittelschiff ein Netz-, in den Seitenschiffen ein Sterngewölbe. Der Chor wird von einem feingliedrigen Netzgewölbe überfangen. Die Konsolen auf Höhe der Fenstersohlen sind figürlich ausgearbeitet und tragen biblische Szenen und Tiersymbole wie Pelikan, Eule und Löwe. Von den noch vorhandenen Altären beeindruckt vor allem der große Hauptaltar im Chor. Er stammt von 1513 und ist ein funktionstüchtiger Wandelaltar. In der Predella ist das Abendmahl, darüber stehen Heinrich II. mit Kunigunde, flankiert von Anna Selbdritt und Thomas mit der Lanze, in den Flügeln vier Szenen der Passion. In erster Wandlung sind dort auf den nördlichen beiden Tafeln Jesus und die zwölf Jünger, auf den südlichen die vierzehn Nothelfer mit Maria. Die zweite Wandlung zeigt Szenen aus dem Leben Kunigundes mit den glühenden Pflugscharen, über die sie als Bezeugung ihrer ehelichen Treue schreitet, und der Bau des Bamberger Doms, die Stiftung des Kaiserpaares. Die kinderlose Kunigunde gilt als Patronin der Schwangeren und kranker Kinder. Im Gesprenge des Altars steht ein Gnadenstuhl, von Engeln mit Marterwerkzeugen umstellt, beidseitig Maria und Johannes. Über allem schwebt Maria als Himmelskönigin mit Zepter und dem Jesusbaby.

Widder als Wächterfigur am Chor außen; Anbetung der Könige (Matthäus 2, 1–12) und Pelikan (Christussymbol nach dem »Physiologus«) im Chor innen

St.-Annen-Kirche Annaberg

Bauzeit: ab 1499–1519, 1929
Stil: Gotik, Renaissance
Form: Hallenkirche
Architekten: Konrad Pflüger (um 1450–1506/07), Peter Ulrich (um 1440–1513/14)

Die St.-Annen-Kirche in Annaberg ist ein Abbild architektonischer Erhabenheit. Ihre ästhetischen Proportionen, ihre Weiträumigkeit und die Fülle bildhauerischer und malerischer Kleinode lassen nicht nur den Reichtum der Stadt erahnen, sondern auch den Gestaltungswillen der Erbauer und die kluge theologische Einflussnahme, die das Bildprogramm der Altäre und Emporenbrüstungen verantwortet.

Die Kirche ist ihrem Vorgängerbau eng verbunden. Dieser war ein Holzbau, um den ab 1499 die Außenmauern der St.-Annen-Kirche herumgebaut wurden. Um 1502 ist zumindest beim Turmbau die Mitwirkung eines der bedeutendsten Baumeister der Spätgotik nachgewiesen: Konrad Pflüger, der als herzoglicher Werkmeister und Stadtbaumeister von Görlitz als Instanz in wichtigen architektonischen Fragen, insbesondere im Gewölbebau, galt. Er wirkte sowohl an Schloss Hartenfels in Torgau, Schloss und Schlosskirche von Lutherstadt Wittenberg als auch beim Bau der Thomaskirche in Leipzig und der Kreuzkirche in Dresden mit. 1508 bis 1513 hatte Peter Ulrich von Pirna die Bauleitung. 1515 war Jacob Haylmann (1475–1523/24) aus Prag nach Annaberg gekommen und übernahm die neuen Wölbungen mit Schleifenstern und Schlingrippen. Die Hinwendung zu Formen der Renaissance liegt im Hüttenstreit von 1518 begründet, in dem sich die in Annaberg arbeitenden Steinmetzen von der Magdeburger Bauhütte trennten und sich eigenständig der Moderne der Zeit zuwandten. 1519, am St.-Annen-Tag, 26. Juli, wurde die Kirche geweiht. Die Mutter Marias ist die Patronin der Bergleute, Schiffer und Ehefrauen und gilt als Schutzheilige der Armen und vor Gewittern.

Geometrisch-floral aus den Pfeilern wachsendes Rippengewölbe; Kanzel von Franz Maidburg (1480–1533), der auch die Brüstungsreliefs geschaffen hat

St. Annen ist eine dreischiffige Hallenkirche, die mit Bruch- und Sandstein über sieben Joche errichtet ist. Die Seitenschiffe enden im Chor polygonal zur Hauptapsis hin, die verspringend in einem 3/8-Schluss endet. Der Chor wird durch kräftige Strebepfeiler gestützt. Das sechste Joch der Halle wird von zwei Anbauten flankiert, die im Obergeschoss zum Innenraum geöffnet sind und die Wirkung eines Querschiffes erzielen. Das Portal auf der Westseite stammt von 1929 und ist mit einem spitzbogigen Gewände in die Wand eingefügt. Im Bogen befindet sich ein Relief von Rudolf Wittig (1900–78) von 1932, das Jesus im Garten Gethsemane zeigt (Matthäus 26, 36–46). Symbolisch sind der zu trinkende Kelch des Leides und das Schwert, mit dem Petrus bei der Gefangennahme (Matthäus 26, 46–56) agiert, abgebildet. Der mit Haube, Laterne und Obelisk bekrönte Turm ist mit Kupfer gedeckt, die Kirche mit Schiefer.

Das Innere der Kirche besticht zunächst durch die kunstvolle Wölbung, die ihren Höhepunkt im Schleifensterngewölbe des Mittelschiffs und den Sterngewölben in den Obergeschossen der Anbauten hat. Die Emporenbrüstungen sind eine überwältigende Bilderbibel aus Stein mit hundert Reliefs, die elementare Szenen aus dem Alten und dem Neuen Testament, Weltgericht, Märtyrergeschichten und als Besonderheit die zehn Lebensalter abbilden. Der Hauptaltar (1522) aus rotem Marmor und hellem Kalkstein von Adolf (1460/65–1523/25) und Hans Dau(c)her (1486–1538) ist einer der ersten bedeutenden Renaissancealtäre, der den Stammbaum von der Wurzel Jesse bis zur Heiligen Familie zeigt. Der schon 1521 geweihte St.-Marien-Altar der Bergknappschaft von einem Freiberger Meister wird vor allem wegen seiner Rückseite gerühmt, auf der Hans Hesse (vor 1497–nach 1539) das Leben des Bergbaus mit Erzaufbereitung, Schmelzhütte und Münzwerkstatt detailreich verewigt hat.

Vorderseite des »Annaberger Bergaltars« mit Weihnachtsgeschichte; »Schöne Tür« von Meister HW (Freiberg) S. 110 mit Motiv des Gnadenstuhls

St. Marien Marienberg

Bauzeit: 1558–64
Stil: Gotik, Renaissance, Barock
Form: Hallenkirche
Architekten: Wolf(gang) Blechschmidt (1510–60), Christoph Kölbel, Theodor Quentin (1851–1905)

Marienberg wurde dank großer Silbervorkommen erst 1521 als Tochterstadt Annabergs gegründet und erhielt schon 1523 Stadtrecht. Die jüngste erzgebirgische Bergstadt hat auch die jüngste und letzte der spätgotischen Hallenkirchen im Erzgebirge. Hauptsächlich offenbaren sich in ihr Vorbilder der näheren Umgebung: die Kirchen der Mutterstadt Annaberg und die St.-Marien-Kirche im etwa hundert Kilometer nordöstlich gelegenen Pirna, die wesentlich zwischen 1502 bis 1546 errichtet worden war und eines der schönsten Gewölbe mit besonderer Ausmalung vorweisen kann. Verantwortlich dafür ist Wolf(gang) Blechschmidt, der als junger Mann erst Pirna vollendet hatte und ab 1558 bis zu seinem Tod in Marienberg tätig war, ehe dann der aus dem vogtländischen Plauen stammende Christoph Kölbel den Bau übernahm und 1564 vollendete. Die Marienberger Kirche ist wie ihr Pirnaer Vorbild dreischiffig, weitet sich über sechs Joche, die äußerlich gut durch die regelmäßig gestellten Strebepfeiler sichtbar sind, ist aus Sandstein errichtet und endet in einem fünfseitigen Chorschluss, der sich an den Vorbildkirchen orientiert. Im Chorscheitel befindet sich die leicht nach außen vorkragende alte Sakristei. Ihr Gewölbe datiert noch auf 1558 bis 1560. Das Langhaus und der Chor haben große, zweigeschossig geteilte, vierbahnige Rundbogenfenster, die profiliert und mit reichlich Maßwerk aufwarten. Das Fenster im Chorscheitel ist fünfbahnig und hat ein integriertes großes Rundfenster, das von zwei kleineren flankiert wird. Das hoch aufragende Dach trägt pyramidal aufsteigend Gauben. Der hälftig in das Langhaus integrierte Westturm macht den Neuaufbau nach einem vernichtenden Stadtbrand in modernerer

Chorraum mit Altarbild von Chilian Fabritius – auf dem Eselshalfter steht: »DAMNARE POTEST QUI MELIORA FACIT« (»Tadeln darf, wer's besser macht«)

Form deutlich: Er trägt oberhalb des oktogonal verjüngten Aufbaus eine barocke Zwiebelkuppel. Nordwestlich ist zwischen Turm und Langhaus ein ebenfalls oktogonaler Wendelstein eingestellt, der bis zur Hälfte des oktogonalen Turmobergeschosses reicht. Das Turmportal ist als Hauptportal mit dreifach gestaffeltem Kielbogen gestaltet. Turm und Langhaus sind schiefergedeckt.

Im Turm und den seitlich angrenzenden Vorräumen steht man zunächst noch unter gotischen Kreuzrippengewölben, ehe sich die weiträumige Halle im schlichten, aber einnehmenden Renaissance-Barockstil präsentiert. Die umlaufende Empore ist mit vielerlei Stuckornamenten verziert – von Fruchtschnüren und Tuchgehängen mit Bibelsprüchen bis zu aufwändigen Engelsköpfen, die Alessandro Pernasione gestaltet hat, der dafür 1675 vom Dresdner Oberlandbaumeister Wolf Caspar von Klengel (1630–91) beauftragt worden war. Die Empore war 1669 bis 1675 als steinerne Empore mit toskanischen Säulen, die die breit angelegten Korbbögen tragen, erneuert und mit einem einfachen Kreuzrippengewölbe versehen worden. Der Altar von 1617 ist in seinem manieristischen Aufbau ein Werk von Andreas Hellmert. Das Altargemälde entstand 1616 in Dresden in der Werkstatt von Chilian Fabritius (um 1585–1633). Es zeigt in barocker Emphase die Freude der Weihnacht. Besonders eindrücklich ist die Gestalt des knienden Hirten. In den Schleierbrettern sind in Medaillons der junge David mit der Harfe und seine Frau Bathseba dargestellt (2. Samuel 11–12). Die Sandsteinkanzel ist ein Werk von 1610. Zwei hölzerne Bergmannsfiguren von 1687 flankieren den Chorraum, auf dessen Nordseite sich ein Mahnmal für die Gefallenen des Ersten Weltkriegs von Bruno Ziegler (1879–1941) befindet. Beeindruckend ist auch der Annaselbdritt-Altar mit Barbara, der Patronin des Bergbaus, und Katharina. Die große romantische Orgel stammt von Carl Eduard Schubert (1830–1900).

Bergmannsfigur im historischen Gewand; Orgelbrüstung mit Stadtwappen, Psalm 150 und 121; Mahnmal des Chemnitzer Bildhauers Bruno Ziegler

Lobet ihn
mit Psalter
und Harfen
Lobet ihn
mit Pauken
und Reigen!
Der Herr behüte deinen Ausgang und Eingang.

St. Georgen Schwarzenberg

Bauzeit: 1690–99
Stil: Barock
Form: Saalkirche
Architekt: Johann Georg Roth (1640–nach 1700)

Über dem Schwarzwasser, in das die Große Mittweida mündet, steht auf dem Schwarzenberg neben der Burg die Stadtkirche. Sie ist dem Heiligen Georg geweiht, der auch das Stadtwappen ziert. 1690 wurde mit dem Bau der Kirche begonnen, die 1699 schließlich geweiht wurde. Zu dieser Zeit stand noch ein Vorgängerbau, der aber während des Stadtbrandes 1709 vollständig vernichtet wurde. Als Architekt für den barocken Saalbau wird der aus dem nur gut 10 Kilometer nordwestlich gelegenen Lößnitz S. 88 stammende Johann Georg Roth (1640–nach 1700) genannt. Die Bauausführung oblag ortsansässigen Gewerken unter Federführung von Maurermeister Johann Georg Pauli und Zimmermeister Samuel Georg. Die Kirche ist ein hell verputzter Bruchsteinbau mit vierseitigem Chorschluss. Auf der Nord- und der Südseite kragen übergiebelte, querhausartige Anbauten vor. Der Wandaufbau ist zweigeschossig mit je zwei übereinander gestellten Rechteckfenstern, rhythmisiert durch Strebepfeiler. Über den Fensterachsen des Langhauses befinden sich Gauben. Der vorgestellte Westturm ruht auf quadratischem Grundriss, wird von Treppentürmen flankiert und hat im Obergeschoss eine oktogonale Glockenstube, über der eine welsche Haube mit offener Laterne thront. Turm und Dach sind schiefergedeckt.

Im Inneren öffnet sich ein eindrucksvoller Saal unter einer reich geschnitzten Holzdecke, in deren Zentrum sich im Zehneck ein von einem Strahlenkranz umsäumter Himmel mit dem hebräischen Schriftzug »JHWH« öffnet, dem unvokalisierten Tetragramm für den Namen Gottes. Die Wolke umfliegen drei Engel, die auf Schriftbändern den »Hymnus angelicus«, den Lobgesang

Kirchenschiff mit barockem Deckenhimmel, Altar, in die Bänke gestellter Kanzel und Logen, Stadtwappen an der Orgelempore

der Engel an der weihnachtlichen Krippe: »Gloria in excelsis Deo« (Lukas 2, 13–14) tragen. Das aufwändige Schnitzwerk von 1729 stammt von Johann Georg Krafft. Die Rhythmisierung der Außenbaus spiegelt sich innen in kräftigen Pilastern. Der Raum ist umlaufend von einer Empore umfangen, die Langhausseiten sind zudem über mehrere Geschosse mit zahlreichen Betstuben und ständischen Logen gefüllt. Die Orgelempore wölbt sich in den Raum und trägt eine neue Orgel der 1872 gegründeten Bautzner Firma Hermann Eule. Ihr Prospekt ist nach einem Vorbild eines Königs des barocken Orgelbaus, Gottfried Silbermann (1683–1753), gestaltet. Auf der Brüstung vor der darunter befindlichen Ratsloge findet sich kunstvoll gerahmt eine Darstellung des mit dem Drachen kämpfenden Georg.

Besonders ist zunächst die auf der Südseite brückenartig in den Raum ragende Kanzel, getragen von der Tugend der Klugheit, die als Attribut den Spiegel der Erkenntnis und die Schlange (Matthäus 10, 16) trägt. Auf dem polygonalen Korb stehen zwei Engel, die den durchbrochenen Schalldeckel mit der bekrönenden Darstellung eines Gnadenstuhls tragen. Der Chor wird durch ein reich verziertes, dennoch leicht wirkendes, schmiedeeisernes Chorgitter abgetrennt, das zentral pultartig vorspringt. In das Rankenwerk sind Bergmannsfiguren eingelassen. Geschaffen wurde das Gitterwerk 1721 vom Schwarzenberger Schlossermeister Johann Zacharias Georgi. Der breit gelagerte Altar von 1699 ist dem Stil der Renaissance verpflichtet. Das zentrale Abendmahl wird von Liebe und Gerechtigkeit, die darüber befindliche Darstellung der Opferung Isaacs (1. Mose 22, 1–19) von Glaube und Hoffnung flankiert. Darunter verjagen in der Predella zwei mit Sicheln bewehrte Engel das Schwein aus dem Kornfeld und den Fuchs aus dem Weinberg. Über allem steht in der Glorie der Sieger über den Tod, eine Arbeit von Johann Georg Krafft.

Schwarzenberger Bornkinnel im rot-weißen Gewand; Bergmannsfigur im Chorgitter; dreigeschossiger Altar mit dem Auferstandenen in der Glorie